D1079084

En el borde del mundo

Juan Guzmán Tapia

En el borde del mundo
Memorias del juez que procesó a Pinochet

Con la colaboración de Olivier Bras

Traducción de Óscar Luis Molina S.

EDITORIAL ANAGRAMA
BARCELONA

Título de la edición original:
Au bord du monde. Les Mémoires du juge de Pinochet
Les Arènes
París, 2005

Diseño de la colección:
Julio Vivas
Ilustración: foto del autor, © Pedro Samuel Carrasco

© Les Arènes y Juan Guzmán, 2005

© ANAGRAMA, 2005, por la traducción de Óscar Luis Molina S.
Pedró de la Creu, 58
08034 Barcelona

ISBN: 84-339-2570-9
Depósito Legal: B. 24887-2005

Printed in Spain

Liberduplex, S. L., Constitució, 19, 08014 Barcelona

A mi mujer, Inés, a Raquel, mi madre,
y a mis hijas, Sandra y Julia, que me han
fortalecido y apoyado durante todo este largo viaje.

Primera parte

En el borde del mundo

1. CON LA MIRADA EN EL CIELO

Cuando nací tuve de padrino a un dictador. Uno de los peores que haya conocido América Latina. Mi padre, Juan Guzmán Cruchaga, desempeñaba entonces la función de encargado de negocios de Chile en El Salvador, país que el general Maximiliano Hernández Martínez gobernaba con mano de hierro. La mujer del presidente, aficionada a la poesía, privilegiaba la compañía de mi padre, gran poeta, conocido en toda América Latina y en España. A él le importaban mucho las buenas relaciones diplomáticas de su país y por ello mantenía el interés de la primera dama en el cultivo de aquel arte. De este modo estaba siempre cerca de la pareja presidencial. Unas semanas antes de mi nacimiento, el general Hernández Martínez pidió a mi padre que, si fuera varón, llamara Salvador a su hijo, el nombre del país que él presidía y donde yo iba a nacer.

¿Puede un diplomático contradecir una petición presidencial tan honrosa como la de poner a su hijo el nombre de su propia patria? Mi padre, poeta y diplomático, supo cómo conciliar de la mejor manera esa petición. Alabó durante largos minutos las virtudes de El Salvador, ese país magnífico, tan importante para Chile, del cual le enorgullecería poner el nombre a su hijo. Pero expuso un obstáculo de la mayor importancia: nuestra familia acostumbra a dar a todos sus hijos el nombre de su padre. El padre de mi padre se llamaba Juan José Guzmán, su abuelo se llamaba Juan José Guzmán, y así continuaban los nombres remontando varias generaciones. ¿Cómo podía interrumpir ese linaje dando a su hijo un nombre diferente de Juan? Mi padre decidió entonces que Salvador fuera mi segundo nombre.

Vine al mundo el 22 de abril de 1939 con el nombre de Juan Salvador Guzmán Tapia.

Mi padre había elegido, por descarte, la diplomacia. Sus pasiones verdaderas eran la poesía y la literatura. Pero necesitaba vivir y, considerando todos los factores, la diplomacia presentaba algunas ventajas: viajes, vivienda y sueldo conveniente. El Estado de Chile procuraba que sus representantes en el extranjero contaran con una situación adecuada a su rango.

Juan Guzmán Cruchaga, mi padre, había nacido a fines del siglo XIX en un Chile más replegado que nunca sobre sí mismo después de la Guerra del Pacífico.[1] Había crecido con la idea de que era primordial mantener el rango propio en una sociedad en la cual el linaje hacía al hombre. Siempre observé que abrigaba cierto orgullo al evocar nuestro árbol genealógico. Su familia paterna desciende de un gran linaje de capitanes del rey de España, los Núñez de Guzmán, que obtuvieron, en recompensa

1. En 1879 comenzó la Guerra del Pacífico entre la alianza Perú-Boliviana y Chile, que concluyó cuatro años más tarde.

por su valor en las guerras de Flandes, grandes territorios en el valle central. Mi padre estaba orgulloso de un linaje cuyo lema señala muy bien esa atávica altivez: «Nos de los reyes no; los reyes de nos son.» De su familia materna heredó, en cambio, un temperamento sensible y benévolo. Se decía de los Cruchaga que no habían conocido el pecado original. El carácter de mi padre manifestaba la alianza de sus orígenes, una alianza de contrarios, de fuego y agua. Siempre pude comprobar que por sus venas corría la colérica inflexibilidad de un Guzmán y la bondad de un Cruchaga. En su poesía esa dualidad también se manifiesta.

Como la mayoría de las antiguas familias chilenas, llegadas al continente hace varios siglos, también la nuestra se había mezclado con indígenas. Nuestro árbol está emparentado, entre otras, con sangre quechua, lo cual ha sido establecido de manera irrefutable por uno de mis tíos,[2] genealogista; pero mi padre jamás lo admitió. Siempre aseveró que por sus venas no corría la menor gota de sangre que no fuera hispana. El orgullo ancestral y la arrogancia que exhibían los descendientes de españoles ante los criollos según fueran éstos más o menos mestizos quizás explique en parte esta resistencia.

Todavía impregnado de una mentalidad colonial, separado del resto del mundo por el océano, la cordillera y por los glaciares de Tierra del Fuego, Chile es una sociedad codificada en que cada señal exterior tiene importancia. Una clase dominante antaño resplandeciente estaba a punto de entregar el mando y no conseguía resignarse.

2. Don Manuel Montt L.

13

Esto se reflejaba en el medio familiar. Ya hacía tiempo que el patrimonio de mis bisabuelos paternos –grandes propietarios de tierras– se había derretido como la nieve de los Andes en primavera. Crisis financieras, colocaciones azarosas... Cuando nací, una parte de los Guzmán y de los Cruchaga se debía contentar con el mínimo. Y esto les incomodaba bastante.

Era un mundo envejecido donde ancianos tíos y tías se refugiaban en la magnificencia de su vida pasada mirando por detrás de las cortinas de sus habitaciones las migajas de una sociedad en mutación que ya no se sentían capaces de enfrentar. En ocasiones habían debido desprenderse de sus cuadros o de partes de un prestigioso mobiliario cargado de recuerdos y de historia. Ahora habitaban en barrios de segunda categoría y, orgullosos y a la vez sensibles como eran al qué dirán, les parecían una tortura las visitas que recibían. Marginados, dependientes de las ramas más acomodadas de la familia, envejecían dignamente erguidos en un universo de pretextos y de acritud que olía a manzanilla y a cera de abejas.

Los hombres apenas salían, carentes de medios para mantener el rango. Y algunas jóvenes, privadas de dote, contraían matrimonio en contadas ocasiones. Más tarde, en el curso de mis lecturas, volví a encontrar en *El gatopardo,* del siciliano Giuseppe Tomasi di Lampedusa, esa atmósfera de fin de reino que una aristocracia condenada intenta disimular con un maquillaje ventajoso. Mis tíos y tías pertenecían al mundo de ayer. El presente les resultaba penoso y el futuro incierto.

Felizmente para mí, la vida de mis padres era mucho más novelesca que la de esa buena sociedad de Santiago confinada detrás de sus mantillas. Mi padre sólo había vivido, desde muy joven, para la escritura y tuvo que batallar con fuerza para servir a la poesía, que vivía como una vocación. En primer lugar contra su propia familia: entre los Guzmán, a menos que se cogieran las riendas de la propiedad familiar, sólo era posible, so pena de perder el rango, dedicarse al derecho, a la carrera militar o, en caso extremo, a las órdenes religiosas. Y debió enfrentar enseguida un destino contrario. La decadencia económica de su familia se acentuó brutalmente y le obligó a poner prematuro fin a sus estudios de derecho y dejar de lado sus sueños de poesía. Contaba diecinueve años cuando tuvo que retirarse de la universidad para ganarse la vida.

Su primer trabajo le condujo al tribunal de cuentas, donde no duró demasiado. El día que su superior advirtió que su escritorio le servía para reunirse con sus amigos poetas le despidió de inmediato. Mi padre pudo ingresar entonces a Relaciones Exteriores. Le enviaron a México, al consulado del puerto de Tampico, donde sus condiciones de vida nada tenían de envidiables. La remuneración apenas cubría sus necesidades de subsistencia. Su segunda misión le llevó a la Patagonia, a los confines meridionales de Argentina, a Río Gallegos. ¡Qué soledad padeció en esa tierra austral continuamente golpeada por un viento helado! Pero el clima no era nada comparado con las costumbres locales: el duelo continuaba siendo un medio habitual de resolver los diferendos y los criadores de ovejas estaban dispuestos a todo con tal de enriquecerse.

Allí se casó mi padre con una joven chilena. De esa unión nacieron mi medio hermano, Juan Fernando, y mi media hermana, María Eugenia. Nunca me habló de ese matrimonio. De su primera mujer, sólo que era hermosa y tenía una voz muy bella. Por más extraño que esto pueda

15

parecer, jamás me sentí autorizado a penetrar esa otra vida de mi padre. En el seno de la burguesía de posguerra, el silencio era su segunda naturaleza.

Algunos años más tarde, mis padres se conocieron a bordo de un trasatlántico, el *Reina del Pacífico,* de regreso de una estada en Inglaterra. Fue un amor a primera vista, novelesco, en el puente de un gran barco, como en *Partage de midi,* de Claudel. Mi padre desembarcó en Antofagasta y continuó su viaje por tierra, hasta Salta, Argentina, donde se haría cargo del consulado de Chile en esa ciudad. Al cabo de dos años regresó a Chile para casarse con mi madre. A fines de los años treinta los dos se embarcaron a Perú. Después viajaron a El Salvador.

Mi madre, Raquel Tapia Caballero, era un sol por su resplandor, y un cristal por su trasparencia y delicadeza. Brillaba en las recepciones oficiales. Solicitada bailarina, su aura provocaba en mi padre crisis de celos enfermizos. Una noche en que ella había concedido dos bailes a un jefe de Estado durante una recepción, se le acercó discretamente, la sujetó con fuerza de un brazo y murmuró, dolido: «¡Ya basta!» En la mayoría de los países donde estuvimos durante mi infancia mi madre se impuso como la mujer más elegante del cuerpo diplomático. Alegre, de agradable conversación, cultivada y de espíritu abierto, estaba muy bien dotada para las artes. En su juventud había seguido cursos de escultura y hecho teatro. Hizo de nuestra vida una obra de arte. La seguía una brisa ligera.

Con ellos no paraba de viajar ni de hacer y deshacer maletas. Hijo único, después del matrimonio de mi hermano Juan Fernando, transportado de misión en misión, sólo tenía amigos de paso. Mi verdadera familia, la que nos seguía en cada etapa del periplo, era la de los escritores y los poetas, la de los pintores y hombres de teatro. Juan Ramón Jiménez, Jorge Luis Borges, Saint-John Perse, Hugo Lindo, Pablo Neruda, Benjamín Subercaseaux, Ángel Cruchaga, Rafael Alberti, Eduardo Zamacois, Daniel de la Vega, Hernán Díaz Arrieta, Gabriela Mistral, José Santos González Vera, Germán Asciniegas, Jorge Rojas, Miguel Ángel Asturias y Salarrué eran amigos de mis padres, entre tantos otros grandes artistas. Sus hados se inclinaron sobre mi cuna. Sus palabras y sus historias acompañaron mi despertar.

Entre muchas otras, hay una escena que no he olvidado. Juan Ramón Jiménez me dedicó su libro *Platero y yo,* «a mi pequeño amigo de su amigo Juan Ramón». Durante el verano de Washington me entregué a su lectura, pero me entristeció la muerte del burrito Platero. A punto ya de acabar ese verano, Juan Ramón y Zenobia, su mujer, nos visitaron una tarde. Al llegar a la terraza donde bebía un refresco con mis padres, Juan Ramón me preguntó qué me había parecido el libro. Le contesté que me había dado mucha pena la muerte de Platero. Y él me dijo entonces, en un tono triste: «¡Qué lástima! Si te hubiera conocido antes de escribir ese libro, el burrito no se habría muerto.»

Esos hombres y mujeres hablaban del amor y de la muerte, del tiempo que se borra, de la esperanza, del espacio, de Chile que se estira desde el desierto septentrional hasta los hielos antárticos, de los Andes que dominan el mundo, del infinito de la Patagonia, del Caribe multicolor... Me enseñaron a celebrar las cóleras del océano, el atuendo leonado del otoño, las promesas del amanecer o el poder de la tempestad. Hicieron de mí un contemplativo. A ellos debo mi andar lento y mirando el cielo cuando tantos de mis contemporáneos andan rápido y mirándose los pies.

Crecí entre las palabras. Con ellas aprendí el solfeo, los ritmos y los acordes, las gamas y los arpegios. Me embriagaban sus sonoridades. Me maravillaba de los destellos que podían brotar de su unión. Las palabras me aportaron paz y consuelo. Dieron un sentido a mi vida interior, tan en movimiento. Formaron mi constelación secreta.

2. APÁTRIDA

Viví en Colombia entre los dos y los cuatro años. Allí despertaron mis sentidos y descubrí la magia del mundo. De este período guardo el recuerdo del perfume de guayaba madura que invadía los jardines de nuestra casa y del temblor de las hojas de los ceibos agitadas por el viento, y también una especie de adoración por la lluvia. Me llenaban de verdadero gozo el aguacero ecuatorial que se precipita sin aviso previo, el sonido de las gotas que se estrellan contra los techos, los olores que la tierra y la vegetación exhalan después de la tormenta. Todavía hoy me ocurre que interrumpo un trabajo o una lectura para contemplar la expansión del cielo. Cuando cae la lluvia revive una parte de mi infancia.

En Colombia disponíamos de varios criados, que fueron los compañeros de juego de mi primera infancia y al mismo tiempo unos padres sustitutos. Rosita, mi niñera, era toda dulzura. En 1943 nos marchamos de ese país a los Estados Unidos y separarme de ella me desgarró el alma. Nos instalamos en San Francisco, en plena Guerra Mundial. Allí descubrí otro mundo, abierto, lleno de impulso. En los Estados Unidos recibí una educación típica-

19

mente anglosajona y acogí el inglés como una segunda lengua materna. Coseché amigos y acopié recuerdos. A pesar de una temporada en un internado, la vida familiar me parecía más cálida que en Colombia. Mi madre estaba entonces mucho más presente, cerca, y eso me alegraba. Esta etapa de mi vida sigue siendo de las más hermosas. Me estaba convirtiendo en «hombrecito».

En San Francisco las visitas que recibíamos eran más de artistas que de diplomáticos. La poetisa chilena Gabriela Mistral, que residía en la Costa Oeste, era una huésped regular. Laureada con el Premio Nobel de Literatura en 1945, Gabriela era mi gran amiga. Con ella jugaba a perderme en las calles de San Francisco. Yo vivía en el ostentoso universo de la diplomacia y me sorprendía su aspecto poco cuidado, su dentadura aleatoria y sus medias de algodón. Gabriela no se molestaba. Dotada de una imaginación desbordante, me ofrecía cada tarde historias absolutamente mágicas. Me contaba, por ejemplo, que por la noche, cuando me dormía, los pies se me desprendían del cuerpo para recorrer el mundo con otros pares de pies hasta que despertara...

Adoraba a mis padres. Trataba, también, de estar a la altura de sus exigencias y de convertirme en el hijo de sus sueños. Sabio. Trabajador. Culto. «Perfecto.» Se elaboró en torno de mí una burbuja, y no me he liberado completamente de esa prisión sin barrotes. Todos los hijos únicos comparten esa suerte, esa jaula dorada. Me preocupaba constantemente de actuar bien, de no equivocarme, de ser siempre el orgullo de mis padres. Esta exigencia se volvió contra mí. Perdí seguridad. No tenía confianza en mí mismo. Pero no me rebelaba. Las decisiones de mi padre no se discutían y jamás las discutí.

A pesar del amor inmenso con que mi madre me

inundaba y la profunda fascinación que me inspiraba mi padre, era un niño reprimido. Esto acentuó la intensidad de mi naciente búsqueda existencial. ¿Cuáles eran mis propios deseos, mi voluntad, mis palabras, mi camino? ¿Cuáles podían ser los contornos de mi universo, del que sólo me pertenecía a mí? Mi territorio más íntimo, sin duda, era mi mundo imaginario. Me relataba a mí mismo historias interminables, pintaba el mundo con los colores de mis emociones. Mi imaginario se transformó en mi fortaleza interior. Nadie podía capturarlo, orientarlo u obstaculizarlo.

Y la naturaleza era mi aliada. Cuando se entrega para ser vista o sentida, sólo a ti te pertenece. Cuando abarcas la majestad rocosa y verde de Chile y sus paisajes de primeras mañanas del mundo, esos instantes te pertenecen. De niño era hijo único y a menudo debía divertirme solo. Mi segunda familia fueron los vegetales y los animales; fueron agradables compañeros de juegos. También obtenía libertad con la lectura. Me bastaban entonces los cómics y mi patrimonio más preciado era una colección de unos doscientos cincuenta álbumes. Muy pronto pondría sitio a una nueva ciudadela que sería mi abrigo de por vida: la literatura.

Después de California, desembarcamos en Venezuela para una etapa de nueve meses. Fue una laboriosa adaptación. Se me interrumpía una amistad apenas la había construido. Comenzaba a preguntarme si verdaderamente estaba hecho para ser hijo de diplomático. Echaba de menos a los Estados Unidos. Casi me había convertido en apátrida a fuerza de tanto traslado, y veía en aquel país un cimiento de identidad y una patria de adopción. Y ocurrió que muy pronto pude volver. El año en que cumplía diez años mis padres fueron destinados a Washington DC. Siguieron tres años de felicidad durante los cuales mi infancia alcanzó la plenitud. Fue el tiempo de la pesca de cangrejos de río, el de los primeros escarceos amorosos y de los juegos interminables. Estaba inscrito en un club de excursionistas y desbrozaba caminando el nuevo mundo. Practicaba fútbol norteamericano y béisbol. En Washington fui un niño satisfecho por completo, un pequeño «estadounidense» feliz de vivir en esa tierra.

Los azares de la carrera diplomática de mi padre nos obligaron a marcharnos. Ante mí se desplegaba una nueva vida, regresábamos a Chile. Ya en el barco, acercándonos a la costa septentrional de mi país, recuerdo haber experimentado un curioso presentimiento: tuve la intuición de que terminaría mi infancia apenas pusiera los pies en esa tierra que era la mía pero que conocía tan poco. Esta visión se me agudizó en el puerto de Iquique, que despedía un aroma pestilente de agua espesa y gris, de peces en descomposición y de petróleo. Algo perturbaba la armonía del mundo tal cual yo la concebía. Me parecía que un velo opaco recubría a Chile. Me aprestaba a conocer mi nueva vida y esto era todo un desgarramiento.

3. POBRE DE ESPÍRITU

A los doce años veía el mundo en blanco y negro. Creía en la Verdad, en la Lealtad, en el Código de Honor, en el *fair-play*. En los Estados Unidos, mi patria de adopción, me habían enseñado a no hacer trampas y excluir por completo la mentira. No estaba preparado para lo que encontré en mis compañeros de estudios. Convertirse en un niño chileno implicaba enfrentar la duplicidad, la astucia y el chismorreo. ¡Qué decepción y qué enseñanza! A los doce años cumplidos, con una ingenuidad increíble, descubría que los niños podían hacer trampas. Un día llegué a casa espantado. Y espeté a mi madre, que ya estaba alarmada: «¡Mamá, aquí los niños mienten!»

Era un extranjero en mi propio país. Mis costumbres y mis valores me hacían diferente, incapaz de tejer lazos y experimentar algún sentimiento de pertenencia. Hablaba un castellano que contenía acentos de Colombia, Venezuela y de cada país de América Latina de donde provenían los amigos de mi padre, y esto me valía bromas reiteradas. Terminé siendo un ser aparte. Mi manera de expresarme reflejaba la educación que había recibido: encorsetada. Esa elocución desfasada, excesivamente clásica o demasiado florida provocaba que muchos compañeros se burlaran continuamente de mí.

Ciertamente, nuestro barrio, mi colegio y el estatus social de mis padres me ligaban aparentemente a su mundo. Pero en el fondo sentía que no pertenecía a la manada. Me sentía solo y me convencía de que valía más que los graciosos que me rodeaban. La suficiencia que manifestaban sólo era comparable a su mediocridad. A sus ojos sinceridad y verdad eran palabras sin validez. Por mi parte, me apegaba a los valores en que creía y me oponía a la mezquindad de esos compañeros.

Una luz sombría, agitada por el polvo, revestía a Santiago con andrajos inquietantes. A excepción de algunos barrios residenciales, la capital chilena es una ciudad que carece de arquitectura. Debido a la frecuencia de los temblores de tierra, subsisten muy pocos vestigios de la época colonial. Desde la década de 1940 empezaron a surgir torres sin alma que desnaturalizaron un poco más los escasos barrios hasta entonces conservados. Santiago me deprimía. Sufría sobre todo por la mentalidad chilena, movida por la envidia y la codicia, que cree que la honradez es una forma de ingenuidad. Me ahogaba. Se me alejaba una etapa de la vida que en otra parte habría tenido un sabor inolvidable. Esperaba, sin decirlo, que cambiaran pronto el destino de mi padre.

Sólo algunos islotes de libertad alegraban esos días sombríos. Nuestra calle, en el corazón del barrio de Providencia, era mi refugio. Sobre el emparrado que daba sombra al patio interior había construido una cabaña de ramas bajo una buganvilla. Allí disfrutaba devorando mis novelas de aventuras. Durante horas me sumergía en los relatos de Julio Verne, Emilio Salgari, Walter Scott o Robert L. Stevenson. Mis jóvenes vecinos, los Wedeles, fueron los hermanos sustitutos con quienes reproducía aquellas expediciones míticas recorriendo todos los rincones de los techos del vecindario. Otros dos amigos, Juan Domeyko y Jorge Huneeus, formaban conmigo el trío de los *gringos*. Los tres éramos hijos de diplomáticos, llegados recientemente de países anglosajones, y teníamos en común un castellano vacilante con leve acento inglés. Exóticos y desfasados, entre nosotros nos entendíamos en la lengua de Shakespeare.

Y después estaba Pal (compañero, en inglés), el cocker que habíamos traído de Washington. Equipados con un casco y ropa color caqui, con una cantimplora, una pistola de fogueo y un cinturón de la Segunda Guerra Mundial, él y yo nos íbamos a explorar los contrafuertes de la cordillera de los Andes. Pal era un lazo de unión con mi infancia norteamericana. Pero ese perro era, sobre todo, mi mejor amigo.

Tenía catorce años cuando nos marchamos a Argentina. En Buenos Aires alquilamos un hermoso apartamento de dos pisos cuyos balcones daban al río de la Plata, un río tan vasto que uno creía estar ante el océano. Dos poderosos afluentes que bajan desde el norte, el Uruguay y el Paraná, se vuelcan en el Plata y le conceden ese aspecto de gran mar del cual ninguna de sus orillas puede verse desde la otra.[3] Allí navegué gracias al padre de mi mejor amigo, Manuel Mario de Tezanos Pinto, que tenía un yate. A eso

3. En la otra ribera, Montevideo, la capital de Uruguay, queda casi enfrente de Buenos Aires.

25

consagrábamos fines de semana completos, embriagados por el hálito de la aventura.

Me despabilé en Argentina. Comencé a salir, a vestirme, a flirtear, a comprar discos. Por fin salía de mí mismo y comenzaba a romper barreras que me había modelado. Bailaba al ritmo de Doris Day, Dinah Shore o Frankie Laine. Ese país era más abierto que el país de donde venía; su sociedad, más evolucionada. El Chile que había conocido era como algunos vecinos de mi infancia: miraba el mundo desde su ventana, apartaba un poco la cortina para alcanzar a vislumbrar una realidad que maldecía entre dientes. Argentina, en cambio, participaba del movimiento del mundo.

El humor de mis padres, radiante, reflejaba el bienestar recobrado. Frecuentaban, entusiasmados, la gran *intelligentsia* de Buenos Aires: el escritor y poeta guatemalteco Miguel Ángel Asturias, indígena por parte materna, que obtuvo buena parte de su inspiración en las tradiciones del pasado maya (recibiría el Premio Nobel de Literatura en 1967); el escritor argentino Jorge Luis Borges, cuya vocación había germinado a los seis años y sostenía ser «de los que quieren cambiar el imaginario»; el poeta y pintor español Rafael Alberti, gran surrealista que había puesto su obra «al servicio del pueblo y del proletariado internacional», exiliado del franquismo y ahora bajo el cielo argentino...

Políticamente, mi padre se consideraba más bien de derechas. Pero la política ocupaba escaso espacio en su vida. Toleraba todas las posiciones en sus pares y no enarbolaba el menor sectarismo. Se tratara de Rafael Alberti o de Pablo Neruda, su compatriota –que apoyó a los republicanos españoles antes de adherir al partido comunista chileno, lo que le condujo al exilio–, mi padre no hacía distinciones según el pensamiento. En realidad, todos los artistas eran sus hermanos en poesía, teatro, música o literatura. En términos generales, jamás le escuché descalificar la opinión de nadie. Se mostraba muy tolerante con las distintas posiciones ideológicas y religiosas.

Yo evolucionaba como un reflejo suyo en el mundo paralelo de los escritores y los poetas. Eran los iniciados en esa magia que tanto me fascinaba, sabían capturarla y ponerla en palabras. Poseían una maestría que yo no dominaba. Y deseaba ser uno de ellos.

En Argentina hice amistades simples y sinceras. Recuperé seguridad, en cualquier caso suficiente para enfrentar el regreso a Chile, que se anunciaba. Mis padres sólo estarían allí de paso: el nuevo destino de mi padre, como embajador, le conduciría otra vez a El Salvador. Y yo permanecería en Santiago para terminar mis estudios secundarios... y mi adolescencia.

Mi escolaridad en Chile se desarrolló en el marco clásico del Saint George's College, establecimiento de lengua inglesa donde casi terminé viviendo. Fue una época de interminables conversaciones con nuevos amigos, sobre la vida, el amor, el ser humano y todo lo que ello implica. Crecía con ellos y con ellos también descubría el mundo mágico de Hermann Hesse y de Thomas Mann. Estos amigos me han acompañado durante toda la vida y nuestros reencuentros nos devuelven periódicamente a ese mundo cuya riqueza está constituida fundamentalmente por imágenes y vivencias. Por otra parte, en contacto con mi profesor de literatura, Richard Teale, sacerdote norteamericano, descubrí un universo que me transfiguraría la vida. La literatura y el teatro ingleses, para comenzar, por-

27

que *Father* Teale, como le llamábamos, dirigía un grupo de teatro al cual me entregué apasionadamente. Me gustaba quedarme conversando con él después de los ensayos. Provenía de los Estados Unidos, lo que nos acercaba. Yo tenía, además, la impresión de estar conociendo a un santo. La religión era uno de los temas privilegiados de nuestras conversaciones. Mi relación con Dios era muy intensa en esa época, y se me multiplicaban las preguntas sobre el hombre. En el curso de estas charlas con *Father* Teale me fui entusiasmando con la *pobreza de espíritu,* un concepto que en la actualidad puede resultar fácilmente un insulto. El joven católico que yo era se refería sobre todo a ese versículo de las Bienaventuranzas del Evangelio según Mateo: «Bienaventurados los pobres de espíritu porque de ellos es el reino de los cielos.»[4] En mis lecturas, y gracias a ese encuentro, indagué extensamente en ello.

Father Teale le había consagrado la vida. Ennegrecía cuadernos completos, consignando cuidadosamente, durante años, sus pensamientos sobre el tema. Un día me dio esos cuadernos. No escribía por vanidad, sino para liberarse. No pensaba publicar un día esas reflexiones ni dejar huella en la historia de la literatura, de la filosofía o de la teología: eso se oponía a sus principios. Me impresionaba su erudición. También su riqueza interior. Me parecía que había accedido a la sabiduría. Encarnaba para mí el estado de gracia a que yo aspiraba, ese desapego absoluto respecto de las personas, los honores y las cosas materiales, ese despojamiento del alma que ennoblece. La pobreza de espíritu.

Al mismo tiempo me interesaba en el budismo gracias

4. Según la traducción, la expresión es «pobres en espíritu», «pobres por espíritu» o «pobres de espíritu».

a uno de mis tíos, pintor de oficio, que se había convertido. Aprendía a mirar más allá del cristianismo, que hasta entonces era mi único horizonte de referencia, y a ser consciente de la universalidad de ciertas aspiraciones humanas.

Las novelas y el teatro habían reemplazado hacía un tiempo a los cómics en mi fortaleza interior: Shakespeare, Somerset Maugham, Oscar Wilde y Charles Dickens eran ahora mis compañeros de ruta. Los clásicos de la literatura inglesa, después de la norteamericana, después de la francesa, más tarde de la rusa y la alemana, animaron por oleadas los vaivenes de mi existencia.

La ocupación se transformó muy pronto en pasión. No me bastaba la lectura, quería escribir. Sentía surgir en mí una semilla que intentaba canalizar en el papel. Sin embargo, con cada relectura quedaba insatisfecho. Abatido, también. Eso no era auténtico. No lo podía mostrar. Era indigno de publicarse.

Había comenzado un recorrido muy largo, el de aprendiz de novelista que pretendía consagrarse a una obra única. La mía sería una trilogía. Se titularía *Los pobres de espíritu*. Sería la empresa de toda una vida. Todavía hoy permanece inacabada.

Hay libros que te cambian la vida. Después de cerrarlos se siente que nada será como ha sido. Nos acechan, se superponen a nuestras esperanzas y a nuestras dudas y parecen indicarnos un camino. De este modo me impresionó la lectura, a mis diecisiete años, de la novela *El filo de la navaja*, de Somerset Maugham. El autor narra allí la historia de Larry, un joven de la buena sociedad de Chicago, brillante, vividor, en vísperas de la Primera Guerra Mundial. Larry está comprometido con Isabel, una joven de inmensa belleza que está locamente enamorada de él. Larry es un dandy epicúreo y cínico que sólo concede importancia a la superficie de las cosas. Se marcha a combatir en Europa y ve morir a su lado a su mejor amigo. El absurdo omnipresente de la guerra, su museo de horrores, su cortejo de cadáveres, de amputados, de enfermos y de viudas, le produce el efecto de un electrochoque: comienza a preguntarse sobre la finalidad de la existencia y la razón de su presencia en la tierra. Ya de regreso en Chicago, devora decenas de obras de filosofía y teosofía y conoce la literatura budista. Impulsado por una insaciable búsqueda interior, Larry cambia familia, prometida, amigos, trabajo y compromisos por un viaje que le llevará a Francia, Alemania e incluso a India, donde será discípulo de un sabio. La novela termina en Nueva York. Larry decide volver y establecerse allí como chofer de taxi.

Durante mucho tiempo había creído en la libertad del ser humano, en su capacidad para hacerse con el control de su vida; pero finalmente descubrí que sólo muy superficialmente es señor de su destino. Sentía en mí una carencia insondable que debía colmar. Larry había conseguido liberarse sucesivamente de todos los lazos que le estorbaban: su estatus de dandy, sus perspectivas profesionales, su noviazgo, sus relaciones... Había logrado la pobreza de espíritu al final de un recorrido que le puso a prueba. Deseaba seguir sus pasos, a sabiendas de que el camino sería escarpado. El epígrafe de Katha-Upanishad, que da el título a la novela de Somerset Maugham, ya me lo advertía: «Es difícil pasar por el filo de una navaja. Tan difícil, dicen los sabios, como el camino que conduce a la salvación.»

Mi novela no hacía otra cosa que reflejar mis estados de ánimo y la sensación de asfixia que experimentaba. Era la alegoría de lo que estaba viviendo. Mi existencia era el reflejo de *El filo de la navaja* y la novela el reflejo de mi vida. Yo era Juan, Larry y Enrique (el protagonista de *Pobres de espíritu*) y a veces no conseguía distinguir entre mi realidad y la ficción.

De un modo más o menos inconsciente, trataba de realizar el mismo recorrido iniciático de Larry. Aspiraba a liberarme del universo asfixiante de la burguesía chilena y me aprontaba para cortar los hilos invisibles que me mantenían atado. Deseoso de evitar un destino demasiado previsible, dibujado por otros, trataba a tientas de dar un sentido a mi vida. Me sentía dispuesto a enfrentar la pobreza de espíritu. Estaba a la espera de una señal.

4. MI PADRE

Fue mi sol. Y mi noche sin luna. El astro que calienta y permite avanzar; la divinidad que uno celebra; el hombre que se trata de imitar a sabiendas de que nunca se lo podrá igualar. Y también la oscuridad que desorienta y hace dudar; el temor visceral que paraliza; la opresión invisible que disuade de ser uno mismo y seguir un camino propio.

Fue mi padre durante treinta y nueve años. Su desaparición me cogió por sorpresa. Habíamos hablado acerca de tantas cosas, pero nunca verdaderamente. Miles de horas evocando la poesía, la escritura, la naturaleza, la vida familiar y la vida simplemente.

Era mi estatua del comendador. Profundamente carismático, orador brillante, manejaba como nadie las palabras. Pero también era un hombre intransigente, tajante, de juicios más cortantes que la hoja de un sable. Era imposible satisfacerle y más de una vez me di de cabezazos contra esa pared. Cuando le decía algo debía emplear la palabra justa o la referencia exacta, evitar la menor torpeza.

Amable y sumamente simpático en el mundo exterior,

32

a nosotros nos presentaba una faceta distinta de su personaje: la de un hombre tan exigente que nada podía satisfacerle. Lo que más temía eran sus bruscos cambios de humor. Era posible que me elogiara y que pocas horas después me tratara de inútil.

Un día, queriendo sin duda manifestarle mi sed insaciable de conocimientos, le mostré un libro de la biblioteca, firmado por un tal Honorato de Balzac. Había olvidado mi precaución habitual, que consistía en mover siete veces la lengua en la boca antes de dirigirle la palabra. «¿Quién es ese escritor?», le pregunté con toda candidez, sin advertir ni por un segundo que se trataba del nombre hispanizado del gran escritor francés. ¡Qué me atrevía a preguntar! Mi padre pasó minutos interminables abrumándome con su desdén. Terminé mortificado. Y desde entonces, en memoria de esa humillación al rojo vivo, jamás he abierto un libro de Balzac.

Chispeante en sociedad, aunque bastante tímido, mi padre era capaz de resonante cólera en casa y en su transcurso podía afirmar cosas terribles. En relación con mi madre, le roía el cáncer de los celos, y conmigo, la insatisfacción. Crecí con una pregunta clavada en el alma: ¿Qué espera de mí? Y durante decenios tuve que desentrañar el dilema que era su corolario: para ser digno de él, ¿debo seguir sus huellas o afirmar un camino propio?

Mi padre se me acercó más en mi primera juventud. Parecía sentirse más cómodo conversando conmigo y ya no vacilaba en abordar temas personales. Tenía diversas maneras de aconsejarme: a veces francas y directas y otras veces por atajos muy elaborados. Así acabó con una de mis primeras historias de amor.

Estudié en Chile durante los cinco años que mis padres volvieron a vivir en El Salvador. Me enamoré perdidamente de una vecina doce años mayor que yo, divorciada y madre de tres hijos; ella también estaba muy enamorada. Queríamos vivir juntos y sabíamos que no había una posibilidad en un millón de que lo lográramos. Yo no dejaba de reflexionar sobre la situación y maldecía al mundo entero, pues su conformismo condenaba esa unión al fracaso. En ese estado de ánimo, irritable y veleidoso, viajé de vacaciones a El Salvador a visitar a mis padres.

Mi padre comprendió la situación enseguida. ¿Fue un sexto sentido o aprovechó las indiscreciones de personas cercanas? Como siempre, fue directo al grano:

–Juan Salvador, estás enamorado.

–...

–Y te voy a decir de quién: de María Elena.

Quedé estupefacto. Había dado en el clavo.

Mis padres alquilaban una casa a cierta altura en El Salvador; allí íbamos los fines de semana. El lugar se llama Los planes de Rendero. El ambiente fresco que allí prevalecía contrastaba con el calor de San Salvador. Mi padre trabajaba media jornada –sólo abrían la embajada por la mañana, pues la carga de trabajo no daba para más– y consagrábamos las tardes a recorrer las colinas de ese vasto parque natural. La flora de El Salvador, riquísima, es una maravilla. Y los aromas que desprende son de los más bellos que me haya sido dado aspirar.

Cada día, durante nuestros paseos, mi padre me conversaba de la experiencia que yo estaba viviendo. Estableció una complicidad que me permitió descargar en él aquel fardo y recibir sus consejos. No tardaría en descubrir que había elaborado un metódico plan de trabajo.

El lunes me habló de la diferencia de edad entre nosotros y de la multitud de complicaciones que de ello podrían surgir, ilustrando sus palabras con mil ejemplos. El martes se refirió a los hijos que María Elena había tenido en su primer matrimonio. Yo tendría que ser un padre para ellos y lo más probable es que de momento careciera del temple necesario para la tarea. El miércoles, sin que le complicara nada la posible mala fe, me habló, inquieto, del pequeño mundo de María Elena. Yo había crecido en contacto con los artistas e intelectuales más famosos del continente, muy cerca de los tesoros de la literatura. En cambio, María Elena, insinuó, pérfido, había concluido prematuramente sus estudios y no se interesaba por cosas que verdaderamente valieran la pena. El jueves no hizo ascos al cinismo y extrajo argumentos de mi devoción del momento: un católico como yo no podría contraer matrimonio religioso con una mujer separada de su primer marido. Viviría eternamente en pecado... Y así continuó todos los días, o casi, durante toda mi estada. Un verdadero lavado de cerebro.

Es extraño, pero esa experiencia permanece en mí sobre todo como un momento de intercambio y de complicidad privilegiado con ese padre con demasiada frecuencia inaccesible. Charlando a su lado en esos parques lujuriosos de Planes de Rendero, en las laderas del volcán San Salvador, sentí que nuestra confianza se sellaba definitivamente. Se había convertido en mucho más que un padre. Era un amigo, un hermano. María Elena pagó las consecuencias, debo reconocerlo, porque no se hicieron esperar los efectos que había supuesto mi consejero en la sombra. A mi regreso de El Salvador ya me había curado de mi dolencia de amor.

Mi padre también se preocupaba de mi porvenir profesional. Estaba dispuesto a ayudarme si mi sueño era ser escritor, pero se encontraba en buena posición para mostrarme que el arte no permite que de él viva una familia. Y además no creía verdaderamente que estuviera preparado todavía. Y, en cuanto a los trabajos disponibles, consideraba que sin duda no me gustaría el mundo de la diplomacia. Tampoco me veía ejerciendo de abogado, por falta de elocuencia oral y exceso de *fair-play*... Me sugirió, me disuadió, me puso en guardia... Su discernimiento era muy agudo, pero a fuerza de escuchar sus argumentos ya no sabía muy bien cuáles eran mis verdaderos deseos.

El derecho se me impuso; en realidad no lo escogí. No era tan idealista y esta disciplina me parecía del color de la fatalidad: era uno de los caminos obligados de los hijos de buena familia. Me volvía a atrapar el determinismo social. Con el título en el bolsillo,[5] sería un abogado, tendría un oficio respetable.

Pero antes de eso decidí trabajar junto a mi padre como su secretario particular. Tenía diecinueve años y seguramente sentía la necesidad de estar más cerca de él, de superar esa imagen algo fija, en la que se mezclaban temor y fascinación, que había adquirido en la infancia. En El Salvador volví a conocerle tal como siempre había sido: exigente más allá de toda medida. Cada error mecanográfico que cometiera en la correspondencia que le escribía suscitaba una mueca desdeñosa; destrozaba la carta y tiraba a la basura los fragmentos sin siquiera dirigirme una mirada. Pero tras ese rigor de hierro tenía sus lados bue-

5. La carrera dura cinco años en Chile.

nos. Pasábamos horas divagando sobre la literatura, la escritura, mi porvenir. Mi novela progresaba y esto contribuía a acercarnos.

De regreso en Chile, ingresé a la Universidad Católica de Santiago. Allí la pedagogía era fastidiosa y muy poco atractiva la enseñanza jurídica. La austeridad del derecho me contrariaba y a duras penas permanecí en la carrera. Al mismo tiempo trabajaba como asistente en un estudio de abogados de la capital. Esperaba que se me suscitara la vocación y que así contaría con un objetivo en mis estudios. Pero iba resultando lo contrario. Iba ingresando a un universo donde los litigios se resolvían en función de arreglos muy poco trasparentes, en cualquier caso muy alejados del espíritu de las leyes. Fuera de las salas estucadas de la universidad los principios éticos resonaban huecos. Las cartas estaban trucadas.

Así transcurrieron siete años. Ochenta y tantos meses de monotonía. Aprendía sin apasionarme y contemplaba pasar la vida. La infancia se me había alejado y se llevaba consigo las promesas de futuro que alguna vez me hiciera. El proyecto de mi novela era lo único que rompía el tedio de esa existencia. Proseguía con su redacción, supervisado sin concesiones por mi padre. Él me enseñaba a volver a empezar diez, cien veces la misma frase. A enriquecer el vocabulario. A variar la música. Nuestra complicidad había aumentado después del año que pasé en El Salvador. Y él, que tenía dificultades para expresar directamente su amor, hallaba ahora mil modos de compartirlo conmigo. Habíamos roto el hielo.

Siempre un tanto marginado, yo proseguía el aprendizaje de las costumbres chilenas mientras continuaba con mi práctica de abogado en busca de empleo. Tratando de escapar del derecho, postulé en un concurso para ingresar al ministerio de Relaciones Exteriores. Había diez cargos disponibles para doscientos candidatos; no obstante tenía confianza en mis posibilidades. Aún no me había familiarizado con las reglas de las influencias. Uno de mis compañeros de estudio me había pedido que le ayudara a preparar el concurso: no hablaba ninguna lengua extranjera, desconocía la historia de Chile y sólo conocía el resto del mundo por los equipos de fútbol que habían participado en el campeonato mundial de ese deporte en Chile, en 1962, y que Brasil acababa de ganar. Sin embargo contaba con una ventaja que le permitiría obtener el noveno lugar sin disparar un tiro: pertenecía al partido demócrata cristiano, entonces en el gobierno. Mis bazas no me sirvieron de nada: debí contentarme con el lugar número once. Quedé fuera.

Mis amigos de la facultad participaban en política. Militaban en movimientos que agrupaban a los estudiantes de la derecha católica. Atacaban al líder de la izquierda unida, un médico llamado Salvador Allende. Debería haber vivido al margen de esas consideraciones, pero no pude escapar totalmente al gregarismo de clase. Durante unos meses asistí con mis compañeros a encuentros con un señor Amunátegui, un líder conservador. Incluso, por breve tiempo, formé parte de un grupo de choque de la extrema derecha. Armados con cadenas forradas en caucho, acudíamos a sembrar el caos en las reuniones del partido comunista. No golpeábamos a nadie, nos contentábamos con gritar y blandir las mencionadas cadenas. Influido por una propaganda anticomunista primitiva, el ignorante que yo era se dejaba arrastrar. Un día, un amigo y yo nos preguntamos qué estábamos haciendo en esa parodia de milicia. No logramos encontrar una razón válida y desertamos. Sin embargo había perdido algo de mi dignidad en esa aventura.

Después de obtener el diploma de abogado, surgió en mí un deseo que sólo me pertenecía a mí: el de izar las velas y consagrarme por entero a escribir. Sentía la necesidad imperiosa de situar un continente y un océano completos entre mi ambiente de origen y yo mismo, y de marcharme para poner a prueba y medir mis razones de existir. La decisión era un hecho: me marcharía a Europa contra el consejo de todos y nada me desviaría de esa ambición. Ni siquiera la fuerza de persuasión de mi padre.

Estaba por cumplir veintisiete años y esa emancipación había tardado demasiado. Pero antes de partir decidí concederme una año sabático, que consagraría a la escritura. Lo pasaría junto a mi padre, que ya había cumplido la edad del retiro, en nuestro apartamento de Viña del Mar. Allí estaríamos cara a cara ante el Pacífico, nuestro océano, y eso bastaría para que nos sintiéramos bien.

Sin duda en esa época fue cuando más cerca estuvimos. Por la mañana me entregaba a mi novela. Después del mediodía descansaba y dormía una siesta. Y al final de la jornada me reunía con él y nos enzarzábamos en prolongadas discusiones. A veces, con mi madre, cogíamos el coche y organizábamos un paseo al campo. En otras ocasiones mi padre y yo recorríamos la playa cercana o los acantilados, esos pocos metros de roca que separan la finitud de la tierra del infinito del mar. Permanecíamos allí en silencio, atentos al flujo y reflujo de las olas, siguiendo el curso declinante del sol, en equilibrio en el borde del mundo.

De ese año anterior a mi viaje guardo sobre todo la impronta de un recuerdo que barrió con los demás. La escena ocurrió un día de 1966. Temprano por la mañana, mintras yo estaba ya instalado en mi mesa escribiendo, mi padre entró a mi cuarto y me pidió que le siguiera: «Juan Salvador, una tormenta está por llegar, te invito a no perdernos una sola gota.» Los dos adorábamos las tempestades. Salimos al balcón y clavamos la mirada en el océano. Grandes olas se formaban en el horizonte. El agua del Pacífico se tornaba sombría y la espuma amenazante. Relámpagos desgarraban de pronto la oscuridad del cielo, permitían que entreviéramos las olas mientras un trueno ensordecedor resonaba en lo más profundo de nosotros. Se elevaba un viento furioso que agitaba y hacía girar las hojas y el polvo y golpetear violentamente los postigos. Estábamos en la gloria.

Entramos al apartamento cuando la lluvia comenzó a caer. Cerramos con cuidado las ventanas y la gran puerta vidriada del salón y nos sentamos allí uno junto al otro. La contemplación duró toda la jornada. Se acentuaba el furor de los elementos. Las olas empezaron a reventar al pie del edificio, cubriendo el malecón y arrastrando automóviles. La tierra parecía temblar a nuestros pies con cada trueno. Pero me sentía completamente en paz. Mi padre y yo comimos sin perdernos nada del espectáculo. Continuamos la contemplación toda la tarde. Y en ningún momento intercambiamos una sola palabra.

No hablamos ni siquiera por un segundo y sin embargo jamás había experimentado tal sensación de plenitud en su presencia. Teníamos tantas cosas que decirnos y que no llegamos a expresar. Esas cosas hablaron ese día a través de nuestra contemplación muda, semejantes al vaho que se formaba en los vidrios. Detrás de nuestro mimetismo, con todos los sentidos alerta, emocionados al ver la noche caer en pleno mediodía, la magia de ese instante consistía quizás, sencillamente, en sentir que él estaba feliz de que yo fuera su hijo y en que yo me sintiera colmado porque él era mi padre.

5. UN VIAJE

Necesitaba soltar las amarras. Los Estados Unidos habían dejado de ser un modelo. Poco a poco iba comprendiendo que su política externa era una de las causas del estado de «mal desarrollo» que sufría la parte sur del continente, y me iba forjando, con algo de romanticismo, un sentimiento latinoamericanista. Por otra parte, deseaba conocer Europa. En realidad soñaba con ir a Inglaterra a estudiar literatura. Pero no vislumbraba ninguna posibilidad. Mi segunda opción era París, para lo cual finalmente conseguí una beca. Contaba con una perfecta coartada: iría a estudiar filosofía del derecho a la Sorbona.

Mis verdaderas intenciones eran menos confesables. Suponía que podría vivir con pequeños trabajos ocasionales y entonces dedicarme en cuerpo y alma a mi pasión por las palabras. Frecuentaría las librerías y las bibliotecas, pero no para anquilosarme en colecciones de derecho ni para cansarme la vista en volúmenes de jurisprudencia. ¿Qué valía la filosofía del derecho comparada con una escena de Eugenio Ionesco o con una página de Albert Camus?

Sentía la necesidad de lanzarme de una vez por todas, cortar algunos hilos invisibles que me ligaban a la fatalidad, trazarme un camino imprevisible. Todo me conducía –mi familia, mis amigos, mi medio social, mis estudios– con demasiada seguridad a una existencia de la que quería escapar: la de un chileno entre tantos, burgués sin envergadura, patriota estrecho, incapaz de apreciar la magia del mundo y el restallar de las palabras.

Llegó por fin el momento. En el puerto de Ventanas, a fines del mes de marzo de 1967, me embarqué hacia la aventura que había elegido. El barco, con el emblemático nombre de *Chilean Nitrate,* era un carguero que enarbolaba pabellón de Liberia y a bordo del cual éramos nueve pasajeros con destino a Europa. Había pagado doscientos dólares por una travesía de más de quince mil kilómetros. Aún no sabía, al momento de zarpar, cuál sería el destino final. El barco transportaba salitre y la mercadería se iba a negociar durante el viaje; el destino dependería de esa negociación. Las opciones podían ser los Países Bajos, Alemania o España. El fletador sueco informaría al capitán el puerto de llegada cuando el barco se aproximara a la costa de Europa.

Mis padres adquirían aspecto de siluetas anónimas en el muelle. Chile se iba difuminando y me dejaba entrever nuevos horizontes. El barco efectuó una primera escala de un día en Taltal, un modesto puerto pesquero situado a casi la misma distancia de Santiago que de la frontera peruana. Bajé a estirar las piernas y anduve por las calles de la ciudad a la espera de que la tripulación terminara de embarcar un nuevo cargamento de salitre. Era mediodía. Un sol de plomo tornaba sofocante el aire y disuadía de todo movimiento. Contiguo al austero desierto de Ataca-

43

ma, Taltal se adormecía, con los edificios y los postigos cerrados, con los habitantes abrumados por el clima de todos los días.

Andaba así a la sombra de las casas, aspirando bocanadas de las escasas ráfagas de aire fresco que llegaban del océano. Fui a dar a un tribunal local de justicia. Una casa bastante común y corriente a la cual unos curiosos adornos en decadencia conferían la solemnidad propia de su función. Ninguna señal de vida salía del edificio, tal como del resto de la ciudad. Y, no sé por qué, empecé a soñar con la vida de un «pequeño juez» en un rincón perdido de Chile. Aquí, en Taltal. O bien en Chuquicamata, entre los mineros del cobre. O en Curacautín, en medio de los huasos. O en Punta Arenas, con los habitantes del fin del mundo que cada mañana amanecen ante el estrecho de Magallanes...

Fue una especie de premonición, pero me vi juez en el tribunal de una aldea aislada. Un juez hecho hombre, a imagen de un médico rural o de un cura de aldea, que a todos conoce y es conocido por todos, que ejerce la justicia según el interés bien comprendido de una restringida comunidad humana. Y después, con una actividad que imaginaba aminorada, ese juez debería disponer de bastante tiempo libre que podría consagrar a la escritura. Al término de este soñar despierto, me alejé de la ciudad para regresar al barco.

Segunda escala en Panamá. Nos dieron libertad de movimiento, pero la consigna era regresar al carguero dos horas más tarde, a una cuantas esclusas de distancia. Fui a pasear por el puerto, donde había un espléndido velero de tres mástiles, del siglo XIX, que enseguida decidí visitar. En el puente, reparé en un pequeño anuncio: la tripulación del barco necesitaba un ayudante de cocina. Por curiosidad, sin saber exactamente por qué, me situé en la fila de candidatos. Si me seleccionaban, ¿no podría pasar navegando todo un año en ese espléndido navío? Cuando llegó mi turno, el encargado de reclutar me hizo tres preguntas y después, divertido por mi audacia, me despidió con una sonrisa.

Volví al punto de reunión con treinta buenos minutos de retraso. El barco no me había esperado. Mis cosas estaban a bordo, también mi dinero, y me encontraba en Panamá sin blanca. Maldije al capitán, a la tripulación y a los demás pasajeros; pero olvidé reprenderme a mí mismo por mi ligereza. De pronto se me presentó una pequeña luz de esperanza que me serenó un poco el corazón. El barco tardaría varias horas en salir del canal y sabía que haría una nueva escala al otro lado del istmo de Panamá antes de atravesar el mar de las Antillas y apuntar al océano Atlántico.

Conocía un poco esos lugares por haber pasado por Panamá con mis padres durante nuestras estadas en El Salvador. Necesitaba llegar a la salida del canal en el menor tiempo posible. Una vez confirmados mis datos, me bastaba un vehículo para acudir al lugar deseado a tiempo para interceptar el barco. La primera urgencia era encontrar con qué pagar el viaje y el único argumento que podía hacer valer ante el posible mecenas era mi absurda historia. Me dirigí a ver a un comerciante de origen hindú, que conocía por haberle comprado un reloj unos años antes. Le expliqué mi desventura y le imploré que me diera los tres o cuatro dólares que necesitaba para recuperar mi barco. No sé si me creyó, pero me los dio. Retornaba la suerte.

Sólo podía hacer tiempo, esperando que el barco no se adelantara sobre su horario y que el vehículo no se retrasara. Me senté en un parque a escuchar el coro de los pájaros tropicales. Una mujer negra como el ébano, muy hermosa, se sentó a mi lado. Esbozó una sonrisa y empezamos a charlar. Le conté quién era y qué hacía allí. Me dijo que se dirigía al templo cercano para asistir a los oficios religiosos. Como disponía de toda una hora, me propuso que la acompañara. En ese lugar asistí a la ceremonia más hermosa de mi vida, un *gospel* inflamado que me transportó y me entregó sensaciones que hasta entonces desconocía. Dejándome absorber por la fusión de las almas y las voces, sentía que algo vibraba en mí de manera extraña. Me estaba hundiendo en una dulce beatitud. Todavía embargado de emoción después de esas plegarias con tanto ritmo, me despedí de ella y acudí a la parada del autobús. Apenas llegado a destino, me precipité a los muelles. Y allí estaba el barco que casi me abandonó a mi suerte, amarrado con toda displicencia. Todo volvía a ser posible.

En el curso de la travesía se volvieron detestables las relaciones entre los pasajeros. Nadie soportaba a nadie y yo prefería recluirme en la soledad de mi camarote para devorar el *Quijote*. Al llegar a alta mar sentí un bienestar especial. De pie en el puente, de cara a la neblina, con el cuerpo oscilante por el cabeceo del barco, con el viento llenándome los pulmones y en los labios el sabor acre del océano, viví momentos de exaltación que me consolaron de la monotonía del viaje.

Al cruzar frente a las Azores se respira un aire diferente. Un aire que conocía muy bien. La latitud es casi la misma de Washington y me volvían jirones del pasado, me inundaba una sensación de enorme felicidad. Lloré de gozo. Esas lágrimas borraban quince años de desasosiego e incertidumbre. A mitad de la travesía nos había asaltado una tormenta magnífica, la más violenta que he experimentado. Pasé exaltado esos tres días de apocalipsis, yendo y viniendo de proa a popa, disfrutando la visión de los elementos desencadenados.

Cuando supe cuál sería nuestro destino final tuve una cierta desilusión. El *Chilean Nitrate* me desembarcaría en el puerto andaluz de Almería, después de un mes en el mar: un regreso a las raíces de los Guzmán y de los Tapia, que nada tenía que me sedujera. Deseaba dejar de hablar en español un largo tiempo y mi impaciencia sólo se calmaría cuando el tren franqueara los Pirineos. Quería experimentar a Francia. Soñaba con ver París.

6. LA BOHEMIA

Durante toda la vida recordaré esa mañana de abril de 1967. Mi primera mañana en París. La llegada bajo las vigas de hierro de la estación de Austerlitz. Paseo por el Jardín de las Plantas aún dormido, junto al Museo y sus tesoros, y a poco de asomar el sol por la calle Monge, en pleno barrio latino, donde está la oficina de acogida a los estudiantes extranjeros. Me aconsejan un hotel en la calle Quincampoix, en el corazón de la ciudad, donde viviré varios meses. París sería mi rito de iniciación.

Tuve que familiarizarme rápidamente con la lengua de Molière y arreglármelas para subsistir. No faltaban trabajos de ocasión y los probé todos: recadero, vigilante nocturno, manipulador, empleado doméstico, ayudante de abogado, etc. Ingresé a la lengua francesa como a un museo prestigioso, con los ojos desmesuradamente abiertos y el corazón palpitante, impaciente por explorar todos sus rincones. Dediqué lo esencial de mi dinero a comprar libros en francés, comenzando por obras de teatro. Sin perder de vista el diccionario, anotaba cada obra. El vocabulario se me enriquecía a ojos vistas y adquiría soltura. Muy pronto pude enfrentar a Émile Zola y a Victor Hugo en versión original.

La mía en París era una vida ociosa. Apenas terminada la jornada, ocupaba el tiempo en paseos interminables por todos los rincones del barrio latino. Escribía en los cafés del boulevard Saint-Michel. Me fascinaba su ambiente, y podía pasar allí todo el día. Viejos profesores revisaban ejemplares sin dejar de gesticular. Charlaban entre ellos los clientes habituales. Había estudiantes que mantenían discusiones ardientes. Y, como en un ballet, entraban y salían esas chicas que el escritor Jacques Laurent ha llamado «pequeñas deliciosas», esas parisienses traviesas, coloridas, pensativas.

Estimaba en mucho los encuentros literarias que se realizaban en la librería Shakespeare & Co. –situada en uno de los muelles del Sena, frente a Notre Dame–, que se había convertido en el punto de reunión de numerosos estudiantes extranjeros fascinados por el París literario. El lugar era mucho más que una librería. En un extremo del local había camas de campaña para quienes carecían de techo por el momento. La librería permitía consultar las obras allí mismo, como en una biblioteca. En una pared, una frase resumía maravillosamente el espíritu de la casa: «Sé hospitalario con el extranjero: quizás sea un ángel disfrazado.»

Éramos jóvenes, estábamos llenos de vida, amábamos los libros y el teatro. París nos ofrecía todo cuanto podíamos soñar. La ciudad hervía de cultura, desbordaba de cines, librerías y bibliotecas. El entusiasmo expulsaba en mí al desencanto que me había habitado hasta entonces.

De momento era dueño de mi destino y vivía tal cual lo había decidido. La bohemia era lo mismo que vivir en jauja.

En París, el hecho de ser chileno resultaba una ventaja: no tenía que desempeñar ningún papel ni me sentía obligado a adoptar ninguna actitud especial ante mis amigos. Podía, en suma, ser yo mismo, sin inquietarme por etiqueta alguna. A todo el mundo se lo aceptaba en esta ciudad por lo que era, sin que importara su origen. Me recibían bien en todas partes y me decía que ya no podría vivir en otro lugar. Hasta me divertía recordar las advertencias catastrofistas que antes de partir me hicieron algunos amigos chilenos que me anunciaban una vida de soledad y vagancia con la sola compañía de la nostalgia por mi madre patria. La ciudad era mágica y me embriagaba con sus perfumes. Vivía la despreocupada vida cotidiana de un estudiante perpetuo, de un aprendiz de escritor, de un soltero empedernido, de un exiliado voluntario. Cada día aportaba un descubrimiento nuevo. Cada persona abría camino a una experiencia nueva. Aprovechaba esos instantes de luz intuyendo confusamente que ese paraíso no sería eterno.

Este modo de vida daba que hablar. Una amiga, de paso en París, ex Miss Chile, me vino a visitar al minúsculo cuarto de hotel que ocupaba en la calle de la Parcheminerie. Apenas pudo ocultar su desazón al advertir mi bohemia. Estaba transgrediendo nuestros códigos. «Juan», me imploró, inquieta, «esta vida no es digna de ti. Eres un hijo de buena familia y abogado. Aquí estás perdiendo el tiempo...»

Mis padres eran menos severos. Habían estado un año en París conmigo y no se molestaron por mi modo de vida. Viajé con ellos por Europa y por fin pude cumplir otro de mis sueños: descubrir Inglaterra. Inmersos en el espíritu de William Shakespeare, pasamos quince días en Stratford-upon-Avon, en Warwickshire, su pueblo natal. Mis padres y yo asistíamos al teatro dos veces al día. Entre la primera y la segunda representación nos refugiábamos en los cafés para intercambiar impresiones. Éramos insaciables, casi obsesivos. Me rendí al encanto de Inglaterra y de sus habitantes. Me sedujo su imaginación desenfrenada, su humor cínico, el pragmatismo que demostraban en toda circunstancia. Todavía hoy disfruto mucho cada vez que viajo al Reino Unido.

Pasaban los meses. Una gran efervescencia iba creciendo entre los estudiantes. Sin embargo yo permanecía al margen de esa agitación, como un observador bien dispuesto pero incapaz de pasiones políticas. Asistía a veces a foros, incluso una vez escuché a Jean-Paul Sartre arengar a su auditorio; pero contemplaba esas formas de compromiso con la misma curiosidad que me llevaba al Museo del Louvre. Comprendía las aspiraciones de los manifestantes, sus deseos de cambio; pero sus reivindicaciones no producían eco en mí. Mi propia revolución sería interior. Por otra parte, me costaba soportar la violencia que poco a poco se adueñaba de las calles. Veía dogmatismo en cada bando y esto me repugnaba.

Aunque me sentía cerca de esos estudiantes llenos de ideales, en el fondo mi admiración apuntaba primordialmente al general De Gaulle. Sabía decir las cosas con una sencillez superior. Sus alocuciones radiofónicas o televisadas eran para mí unos encuentros cargados de emoción. Me impresionaba cada una de sus intervenciones, nunca un orador me ha emocionado tanto. Por su envergadura y su carisma, quizás me recordara a mi padre. El día de su renuncia, en abril de 1969, al día siguiente del referéndum, sufrí como si hubiera perdido a alguien muy cercano.

7. INÉS

El amor me sorprendió en la primavera de 1968. Viajaba a España, con una amiga, haciendo autostop, a reunirme con mis padres. La primera parte del recorrido se había realizado sin dificultades. Habíamos llegado a las Landes y esperábamos, en un camino rural, que algún vehículo nos condujera más al sur. Recostado en la hierba, al borde del camino, había dejado que mi compañera mostrara el pulgar. Empezó a llover. Un Citroën se detuvo en la berma a algunos metros de nosotros. Su conductora, una hermosa joven rubia, bajó del coche para ponerle la capota. Mi amiga se acercó a ella y le explicó nuestra situación: dentro de poco seríamos dos viandantes calados hasta los huesos. La joven aceptó llevarnos. Así conocí a Inés.

Era estudiante y se dirigía a Biriatou, un pequeño pueblo vasco situado cerca de la frontera de España; allí pensaba preparar sus exámenes de filosofía. Yo iba en el asiento trasero del Citroën, junto a sus libros de estudio. Pero mantenía fija la mirada en el espejo retrovisor, donde se reflejaban sus ojos. Ojos verde primavera cuyo color hasta hoy me maravilla.

La encontraba etérea. Su belleza me recordaba a la Flora de Botticelli en *La primavera*. Todo en ella me impresionaba, el timbre bajo de su voz, la dulzura de su mirada, la frescura de su tez. Hablaba con sencillez y autenticidad de México y América Central, adonde había viajado varias veces. Pensaba avanzar más al sur en su próximo viaje, quizás hasta Perú. Deseoso de hacerme valer ante ella, le detallé mi ascendencia familiar, que llegaba hasta los incas, y agregué, como si nada, que por mis venas corría sangre de Huáscar. Pasamos por Saint-Jean-de-Luz, su pueblo natal, nos invitó al café La baleine y allí bebimos chocolate caliente. Intercambiamos los números de teléfono. Después nos condujo hasta Irún y al andén del tren a Madrid. Prometimos que nos llamaríamos pronto.

La volví a ver algunas semanas después. Había aceptado venir por la tarde al apartamento que mis padres alquilaban en París. Su cultura y belleza impresionaron a mi padre. A los pocos minutos de haberles presentado, ya estaban enfrascados en una charla apasionada sobre Verlaine, Rimbaud y Huidobro. Mi madre, que ese día no estaba, la conoció unos meses más tarde. También sucumbió a su encanto.

Después correspondió a Inés invitarme a casa de sus padres, en el norte. Durante el viaje en tren que me llevaba a Lille traté de imaginar su casa: me la figuraba pequeña, de ladrillos patinados por el tiempo, pegada a otras casas idénticas en una calle sombría que serpenteara en una población rodeada de chimeneas de fábricas. Inés se vestía como una estudiante de entonces, con un vaquero y un suéter grande. Era una estudiante comprometida, intransigente, portavoz de los pobres.

Me esperaba en el andén de la estación de Lille. Nos detuvimos un momento en un café de la gran plaza al salir de la estación. Allí Inés me informó que vivía en Marcq-en-Baroeul, en el barrio elegante de Lille. Supe que su padre era un gran industrial textil y que Inés pertenecía a lo que en la región entonces se llamaba una «gran familia». Sus padres, los Watine, residían en una casa imponente, emplazada al final de un bosque y que exhibía, hasta donde llegaba la vista, un magnífico jardín inglés. En ese lugar, bajo unos tilos, Inés me anunció que había fracasado su proyecto de vacaciones en Perú. Le propuse marcharnos a Florencia en bicicleta, pero ella prefería un viaje a Argelia en su Citroën. Decidimos jugarnos a cara o cruz el destino de las vacaciones. Ganó Inés.

Al atardecer conocí a su hermano Daniel, que desde entonces ha sido uno de mis mejores amigos. Leía un ejemplar de *Nadja*, de André Breton, que me recomendó calurosamente y que terminó por regalarme. Nuestra charla se prolongó hasta muy tarde. Al día siguiente, en compañía de Daniel, de su otro hermano, Gilbert, y de su cuñada, Patricia, Inés y yo fuimos a visitar Brujas. Recorrimos los canales, los museos, las casas de los beguines, el ayuntamiento, y concluimos esa jornada memorable en una taberna flamenca con una animada conversación acerca del surrealismo.

En vísperas de nuestra partida hacia Argelia conocí a su madre. Estaba de vacaciones en Saint-Jean-de-Luz, con Daniel e Inés, y esperaba a su marido que, sumergido en el trabajo, nunca se concedía más de quince días de descanso cada año. Brigitte Dubrulle de Rourvoy provenía de una gran familia de Lille. Su abuelo había sido decano de la Facultad de Derecho. Lo primero que quiso saber fue si yo era católico. Se tranquilizó con mi respuesta afirmativa. Partimos al Magreb a bordo de ese Citroën descapotable que había abrigado nuestro primer encuentro. Después de atravesar España –Burgos, Salamanca, la Mancha, Andalucía– franqueamos el estrecho de Gibraltar el 13 de julio de 1968. En Marruecos instalábamos la tienda según nuestros deseos y preparábamos la comida bajo un cielo claveteado de estrellas. El país nos fascinó a tal punto que nunca llegamos a Argelia. Nos rendimos al encanto de Fez, donde decidimos permanecer algunos días después que una familia nos ofreció su hospitalidad. Vestidos con chilabas, comíamos y cenábamos alrededor de una mesa baja, regalándonos con platos exquisitos y rociándonos con agua de rosas. El murmullo constante de una fuente permanece inscrito en mi memoria y también la luminosidad extraordinaria del Magreb, tamizada por las celosías. Aspirábamos la fragancia deliciosa de las mil y una noches, nos dejábamos acunar por la refinada hospitalidad de nuestros anfitriones.

Sentía que una gran amistad había nacido entre Inés y yo durante el viaje; por lo menos así definía mis sentimientos. Una vez más situado al exterior de mi propia vida, no advertía que me estaba enamorando. Pero muy pronto comprendería que Inés era mucho más que una amiga. Iba a ser la mujer de mi vida y la madre de mis hijos.

Al regreso de esas fabulosas vacaciones conocí a André Watine, el padre de Inés. Era un gran señor en el más puro estilo francés. Me impresionó su pasado en la Resistencia: había pertenecido a una red de resistentes desde el llamado del 18 de junio de 1940, y recibido las condecoraciones más importantes por su activo papel durante la ocupación nazi. Entre otros actos de valor, había contribuido a salvar a más de doscientos aviadores ingleses cuyos aparatos habían sido derribados por la artillería alemana.

André Watine estaba preocupado por el futuro de Inés, y nuestra naciente relación no ayudaba a tranquilizarle. Yo le parecía un «vagabundo simpático», pero no el probable marido que soñaba para su hija. Cuando le pedí su mano, en diciembre de 1969, me explicó que antes debería demostrar mi capacidad de ejercer durante un año seguido una actividad profesional relacionada con mi título de abogado. Inés me hizo señas para que no le contradijera... Tres meses después nos casábamos.

Al encontrar el amor, perdí la despreocupación que había presidido mis tres años en París. Acababa de festejar mis treinta años y la perspectiva del matrimonio con Inés me llamaba al orden. Carecía de un oficio. Aún menos tenía una vocación, aparte de mis ilusiones literarias. Y sin embargo iba a necesitar, como todo el mundo, mantener a una familia. Entonces llegó mi turno de ponerme en la gran fila de los que buscan empleo. Ya no andaba tras cualquier cosa, buscaba un trabajo serio. Y sabía que probablemente debería ejercerlo fuera de Francia. Se me presentó una modesta oportunidad en la Unesco, en Costa de Marfil; pero sólo se trataba de un trabajo temporal. Opté entonces por la segunda posibilidad que se me ofrecía: la de consejero financiero en un banco californiano donde trabajaba mi hermano.

En marzo de 1970, nos instalamos con Inés en San

Francisco, en esa ciudad que tan importante había sido para mí un cuarto de siglo antes. Pero la magia se había evaporado junto con mi infancia. Peor todavía, yo no tenía condiciones para el cargo a que había postulado. Al cabo de pocos meses, como era lógico, me despidieron. Las desgracias nunca llegan solas. Mi despido ocurrió cuando mis suegros pasaban unos días con nosotros en California. Incapaz de confesarles mi primer fracaso profesional, adopté la decisión de no alterar mi rutina: dejaba el apartamento todas las mañanas, de traje y corbata, y me iba a matar el tiempo a la ciudad para no volver a casa hasta el fin de la jornada.

Subsistíamos como podíamos. Sumaba un empleo precario tras otro, como en París, e Inés contribuía algo como intérprete. Pero incluso en San Francisco la bohemia sabía amargamente a fracaso. Nos pareció que, a fin de cuentas, resultaba más razonable irse a vivir a Chile. El país se aprontaba para unas elecciones presidenciales decisivas en las que tres candidatos competían codo con codo: Salvador Allende, representante de la izquierda unida, Radomiro Tomic, líder de la democracia cristiana, y Jorge Alessandri, el candidato de la derecha. La persona destinada a ocupar el cargo de ministro de Relaciones Exteriores de Alessandri, en caso de que ganara, era Conrado Ríos Gallardo, un buen amigo de mi padre y al que yo mismo conocía muy bien. La ecuación era sencilla: si el candidato de derecha resultaba vencedor en el escrutinio, podía esperar, razonablemente, seguir los pasos de mi padre en la diplomacia chilena. Quizás por primera vez en la vida había una razón para que me implicara en política.[6]

6. En las elecciones anteriores había votado por Eduardo Frei Montalva, el candidato de la democracia cristiana.

Inés y yo llegamos a Chile el 30 de agosto de 1970 y de inmediato nos reunimos con mis padres en Viña del Mar, el balneario donde vivían desde el retiro de mi padre, cerca de Valparaíso. Cinco días más tarde, el 4 de septiembre, acudí a la capital para cumplir con mi deber cívico. Al salir del local de votaciones –la escuela militar– pasé un momento donde un tío –médico militar–, con quien nos felicitamos por la probable victoria de Jorge Alessandri. En Santiago reinaba el orden; una tranquilidad inmaculada cubría la ciudad.

La tarde del escrutinio, de regreso en Viña del Mar, divisé a mi madre, siempre impecable, que me esperaba en el terminal de autobuses. Cuando observé su rostro, marcado por la tristeza, comprendí inmediatamente que habíamos perdido la elección y que Salvador Allende acababa de ser elegido presidente de la República.[7] Por primera vez en América Latina, un candidato que se proclamaba marxista conseguía llegar al poder por el camino de las urnas. Mi familia estaba agobiada, roída por un temor difuso. Esa noche cenamos en silencio y nos acostamos temprano.

El día siguiente por la mañana fuimos al centro de Viña del Mar para medir la amplitud de las reacciones. Reinaba cierta efervescencia en las calles, especialmente en las cercanías de las sedes del partido comunista y del partido socialista. Yo bromeaba con Inés, que entonces decía

7. Con el 36,4 % de los votos, Salvador Allende superó los de Jorge Alessandri (34,9 %) y los de Radomiro Tomic (27,8 %).

ser comunista. Le preguntaba, irónico y desenfadado, si se sentía satisfecha con la victoria. Pero ella no conseguía alegrarse. «Estoy contenta intelectualmente», resumió, «pero también estoy preocupada...»

Todo el mundo que me rodeaba compartía esa inquietud. El advenimiento de la Unidad Popular anunciaba tiempos de precariedad. Estábamos bajo el influjo de una intensa propaganda contra Allende, que ya duraba más de un decenio y que profetizaba el apocalipsis si el representante de la Unidad Popular llegaba a triunfar. Y sabíamos que en un Chile plagado de influencias y compadrazgos no gozaríamos de olor de santidad ante el nuevo régimen.

Después de tantos años de privilegios, se anunciaban tiempos difíciles para los Guzmán.

8. ALLENDE

Desde el anuncio del resultado, la tarde del 4 de septiembre de 1970, mi padre presintió que los últimos años de su vida serían duros. En ese momento recibía una pensión que le aseguraba un nivel de vida sin excesos. Pero pocos meses después de la elección de Salvador Allende se había licuado: debido a la galopante inflación, sólo equivalía a diez dólares mensuales. Un día tuvo que vender un cuadro de Juan Francisco González, uno de los más grandes pintores chilenos; otra vez un grabado impresionista, una edición rara o una alfombra finísima. Inés, que estaba embarazada de nuestro primer hijo, tenía miedo del período de inestabilidad que empezaba.

Pero yo recuperé rápidamente alguna confianza. Con Allende o sin Allende, Chile seguiría siendo Chile y su peso de país casi insular se impondría al próximo gobierno. Reemplazarían a algunos altos funcionarios, se votarían algunas leyes emblemáticas y después las cosas volverían a la normalidad. Me equivocaba por completo. Ante las radicales reformas emprendidas por la Unidad Popular y la concomitante intervención de los Estados Unidos, los engranajes de la vieja aristocracia y de la

61

burguesía chilenas empezarían a chirriar, a resistir y muy pronto a ceder.

Al poco tiempo fue evidente que Salvador Allende carecía de los medios para gobernar con normalidad. El parlamento desconfiaba y le forzaba a gobernar por decreto. El sistema judicial, de fuerte impronta derechista, le era hostil. Y el ejército era un volcán dormido de quien nadie podía predecir la fecha de su erupción.

La reforma agraria emprendida por Eduardo Frei Montalva y reforzada por el gobierno de la Unidad Popular estaba marcando los espíritus. Millares de hectáreas pertenecientes a grandes propietarios de tierras fueron entregadas a quienes las cultivaban o las explotaban. Esta reforma imponía numerosos problemas prácticos, pues la ley del nuevo régimen no se podía aplicar con facilidad en un territorio que de norte a sur se extiende más de cuatro mil kilómetros. Como las nacionalizaciones, contaba con adeptos y detractores. Salvador Allende «chilenizó» durante su mandato los principales recursos del país, comenzando por el cobre. Las multinacionales expropiadas, la mayoría norteamericanas, estaban enfurecidas.

En esos días tumultuosos me era indispensable encontrar un empleo. Me seguía negando a ejercer la profesión de abogado y no pensaba cambiar mi decisión. Un antiguo profesor de derecho, miembro entonces de la Corte Suprema, me despejó las dudas: me sugirió que postulara a un cargo de receptor judicial en Valparaíso. Debería velar por la aplicación de los fallos de la justicia civil y penal.

Cuando nos establecimos, Valparaíso me impresionó como una ciudad fantasma. Durante tres siglos había sido una escala ineludible en la ruta marítima entre el Cabo de

Hornos y California; pero el puerto mítico de Chile había perdido su aura. La inauguración del Canal de Panamá en 1914 lo había relegado al rango de vestigio de la historia. «Valparaíso centelleó a través de la noche universal», escribiría Neruda en memoria de esos «feroces y fantásticos días en que los océanos no se comunicaban sino por las lejanías del estrecho patagónico. Tiempos en que Valparaíso pagaba con buena moneda a las tripulaciones que la escupían y la amaban».[8]

En buena parte decrépita, la ciudad sin embargo había sabido conservar una magia particular con sus funiculares y ascensores inmemoriales que permitían alcanzar las alturas; con su topografía única, ya que reposa sobre unas cuarenta colinas que dominan el Pacífico; con sus barrios laberínticos de callejuelas y escaleras entrecruzadas. Pero había cesado la ebullición económica que antaño la animara. Había callado el zumbido de obreros, marinos y cargadores. Los navíos ya no hacían escala en Valparaíso. La miseria ocupaba ahora su lugar.

Buena parte de mi actividad consistía en notificaciones y embargos en los domicilios de familias muy endeudadas, cuyas dificultades podía comprobar *de visu*. Me hallaba enfrentado regularmente a situaciones humanas insostenibles ante las cuales era incapaz de mostrarme a la altura de las circunstancias. Ese trabajo sólo podía ser transitorio. O bien yo mismo terminaría muy endeudado; me remuneraban por cada actuación, y había muchas actuaciones que me negaba a ejecutar.

8. *Confieso que he vivido*, Sudamericana, Buenos Aires, 2004, pp. 87-88.

63

Me familiaricé con la pobreza. La tocaba con los dedos. Ya no era algo exterior a mí. Yo entraba a las casas. Escuchaba las súplicas de una pobre gente cuyos bienes debía censar para un futuro retiro de especies. Confieso haber manejado mi misión para permanecer en paz con mi conciencia. Anotaba una alfombra de paja y algún adorno sin valor y olvidaba el aparato de televisión en blanco y negro que para esa familia valía todo el oro del mundo. Es una obscenidad embargar los bienes de gente que nada posee. No estaba hecho para ese oficio ni para continuar en ese puerto que sólo era la sombra de lo que había sido.

Se me acentuaba aquel presentimiento de Taltal. Necesitaba vivir retirado del mundo y aprovechar ese aislamiento para escribir. Deseaba ejercer el oficio de juez en alguna parte del Chile profundo. Ya me imaginaba sentado en un estrado modesto en alguna casa de madera que sirviera de tribunal. En alguno de esos pueblos fantasma del norte desértico o en un rincón apartado del sur, en plena naturaleza, recibiendo las peticiones de los pobladores y decidiendo litigios.

No estaba excluida la posibilidad de que un día formara parte de una terna[9] y se realizara mi sueño. Sin embargo carecía de los contactos políticos que habrían permitido que me designaran. En esa época aún no existía una academia de justicia. Prevalecía la regla del compa-

9. Una terna es una lista que establecen los miembros de los tribunales de apelaciones: indica los nombres de tres candidatos al cargo de juez. La lista se entrega al presidente de la República, que designa al que prefiere.

drazgo y las nominaciones en este cuerpo necesitaban de padrinos influyentes.

Presenté mi candidatura a varios cargos de juez: a Putaendo, Taltal, Constitución y Panguipulli. Inés me acompañaba a conocer esos pueblos. Imaginábamos cómo sería allí nuestra vida. Los ministros de las cortes de apelaciones de Antofagasta, de Talca y de Valdivia me ofrecieron su apoyo. En Valparaíso, en cambio, me aconsejaron que hiciera mis primeras armas en alguna provincia distante del país antes de soñar con un cargo en la región.

Cuando aparecía en una terna, visitaba a antiguos compañeros de universidad que tuvieran responsabilidades políticas y les solicitaba su apoyo. Algunos ni siquiera se dignaron recibirme. Otros se rieron de mí, como el actual senador José Antonio Viera Gallo, entonces subsecretario de Estado en el Ministerio de Justicia, que me condujo a la salida con fuertes abrazos recordándome que yo no era simpatizante del gobierno.

Iba de fracaso en fracaso y finalmente decidí recurrir a los servicios de un antiguo colega receptor, Fernando Chinchón, cuyo hermano Guillermo era superintendente de Aduanas de Valparaíso. Así llegué al despacho de ese ardiente militante del partido radical y fervoroso nacionalista. Me recibió calurosamente. Le indiqué que mi nombre figuraba en una terna para el cargo de juez en Panguipulli. Me preguntó entonces si sabía jugar brisca.[10] Ante mi respuesta negativa afirmó categóricamente que no podía pretender un cargo en el sur sin dominar los rudimentos de ese juego. Después de lo cual tomó el teléfono y lla-

10. Juego de cartas muy popular en el sur de Chile.

mó a uno de sus conocidos, que no era otro que Juan Papic, el jefe de gabinete del ministro de Justicia. Por su intermedio me fijaron una cita al día siguiente en Santiago. Estaba descubriendo la magia de las influencias.

Juan Papic me recibió a la hora acordada. Se mostró asombrosamente cordial y me preguntó qué podía hacer por mí. Le manifesté mi deseo de que me nombraran juez en el juzgado de letras de Panguipulli, cargo para el cual había presentado mi candidatura en debida forma. Hacía seis meses que la lista estaba oficializada, pero el cargo seguía vacante. Creía reunir las cualidades que requería ese trabajo. Situado en la región de los lagos, a un costado del volcán Villarrica, a ochocientos kilómetros al sur de Santiago, Panguipulli estaba poblado por agricultores y pastores. Ya me veía recorriendo esos montes, bosques y quebradas, muy cercano a la naturaleza y a los habitantes. El cargo continuaba sin cubrir. Nadie parecía interesarse en esa zona rural alejada de todo y donde la política de expropiación de tierras vinculada a la reforma agraria había creado tensiones.

Mi entusiasmo sedujo al jefe de gabinete. Al finalizar la entrevista me preguntó si era partidario del gobierno de la Unidad Popular. Eludí la pregunta con el pretexto de que mi único objetivo era poder cumplir con mi misión de la manera más honesta posible. Entonces me anunció que se me nombraría juez de Panguipulli antes de terminar el día. Mientras le agradecía calurosamente, mi benefactor completó el favor con una sola condición: «Juan, nunca castigues la pobreza y el hambre.»

No tenía que renegar de mis principios para aceptar eso. Juan Papic muy bien podría haber estado en el mismo barco conmigo. Su recomendación armonizaba con mi búsqueda interior de la pobreza de espíritu.

9. TIERRA DE LEONES

Pocos días más tarde, salí de ese mismo despacho con mi nombramiento en la mano. Afuera había una manifestación que me rodeó completamente. Se me voló el papel, se mojó y se manchó. Conseguí salvarlo de la multitud y del gas lacrimógeno apretándolo contra el pecho como si fuera un talismán. Por la tarde volví a la casa de mi infancia. Solo, en la penumbra, me invadió una sensación de felicidad y plenitud; como la marea, arrastraba todo a su paso.

Días antes había entrado al despacho de Juan Papic como receptor judicial y ahora salía de allí como magistrado. Mi vida cobraba sentido. Por fin podría ser yo mismo. Se realizaba mi sueño de Taltal, de los primeros días de mi travesía hacia Europa. Me iba a iniciar en el poder judicial en Panguipulli, en los lindes de la cordillera patagónica, junto al lago del mismo nombre. Podría aplicar mi concepción propia del derecho. Podría ser útil en una comunidad donde en ese momento reinaba la ley del más fuerte. Este nombramiento implicaba un solo problema, pero de importancia: Inés y Sandra permanecerían en Viña del Mar, a centenares de kilómetros, mientras me instalara y consiguiera una posición más cómoda. Inés tenía que conservar su trabajo en la universidad y en Panguipulli no había alojamiento digno de tal nombre. Deberíamos ser pacientes por lo tanto.

Mi primer descubrimiento al hacerme cargo de mis funciones en Panguipulli fue advertir que todo el mundo tenía allí problemas pendientes con la justicia. Los notables, los campesinos, los comerciantes, los propietarios de tierras, los ganaderos... Cada uno tenía un contencioso, un litigio. El Rotary Club local me invitó a una recepción a poco de llegar. Me presentaron lo más granado de Panguipulli. Fue una velada agradable. Y menuda sorpresa tuve la semana siguiente al ver que el mismo areópago desfilaba por mi despacho para averiguar el estado de sus causas.

Panguipulli era austero, salvaje, trabajador. Pertenecía a pequeños líderes locales. Su nombre significa «tierra de leones», referencia a los pumas que antaño atacaban el ganado. El ritmo binario de la lluvia dividía el año en dos estaciones: la del barro y la del polvo.

A principios de la década de 1970, el pueblo contaba tres mil habitantes[11] y constaba de algunas calles de tierra a lo largo de las cuales se alineaban unos cincuenta establecimientos comerciales pequeños. La mitad, o más, vendía un pésimo alcohol[12] cuyos efluvios se podían apreciar en todo el pueblo y hasta en el tribunal. Completaban el

11. El departamento de Panguipulli, inmenso, no tenía más de diez mil.
12. La mayoría ni siquiera contaba con la autorización del caso y servía su brebaje en tazas de café.

decorado casas de madera entre las cuales había algunas que parecían abandonadas a juzgar por la decrepitud de su fachada. Desde la parte alta, una iglesia monumental, en madera policromada y de pretensiones góticas, dominaba el pueblo.

Empecé a trabajar de inmediato. Un montón de legajos, de un metro y medio de altura, me esperaba junto a la pared de mi despacho, recubierto por una fina capa de polvo. La justicia parecía abandonada y debía encarnarla y aplicarla.

Mis jornadas no duraban menos de doce horas. Por la mañana me concentraba en las causas menores e intentaba disminuir la cantidad de asuntos pendientes. Después, por la tarde, me dedicaba a las instrucciones más arduas. Mi vida cotidiana reflejaba toda la gama de delitos y de crímenes que tejían la vida del Far West en su mejor época: robo de bienes o de ganado, expoliación de tierras, agresión física, homicidio y delincuencia sexual... Durante los primeros meses de mi instalación, los latifundistas –que se acusaban mutuamente durante todo el año de abigeato– habían perdido a tal punto la costumbre de ver ejercerse la justicia que ingresaban a mi despacho como a un *saloon*. Muy pronto debí leerles la cartilla y recordarles que no era un *barman* y menos aún un amigo. Sencillamente tenía una misión que realizar.

Las personas inculpadas debían cumplir prisión preventiva en la ciudad de Valdivia, a unos ciento treinta kilómetros de distancia. Situada cerca del Pacífico y de la desembocadura del río Calle-Calle, Valdivia contaba con una cárcel propiamente tal. En Panguipulli, en cambio, los presos debían amontonarse en un calabozo miserable del cuartel de carabineros,[13] que carecía de higiene y donde dormían incluso en el suelo.

En virtud de una originalidad muy chilena, los jueces han sido por mucho tiempo omnipotentes. Instruyen las causas, acusan y juzgan *in fine*.[14] Tenía mucho que hacer entonces: asumía las funciones de juez de instrucción, de juez acusador y de juez que dictaba sentencia en asuntos civiles y penales.[15] Por otra parte, yo era el único magistrado en Panguipulli, aparte del de policía local, y desempeñaba competencia múltiple. Lo que significaba que era a un tiempo juez civil, penal, de menores, etc.

Hice mi aprendizaje. El oficio de juez instructor terminó apasionándome. La imaginación, que no había encauzado eficazmente en la escritura, me servía ahora para esbozar las hipótesis de trabajo necesarias para resolver cada investigación. Necesitaba acudir sistemáticamente a la escena de un delito, y allí sentir y observar. Necesitaba situarme en el lugar de los testigos para ponderar adecuadamente sus relatos. La amplitud de mis prerrogativas aumentaba mi responsabilidad. Trabajaba por cuatro y de un modo que me permitiera proceder con rigor y lucidez.

Todos los sábados visitaba a los procesados en prisión preventiva y les informaba del progreso de su causa. La

13. Carabineros: policía uniformada.
14. En otras partes, en Francia por ejemplo, esas tres misiones corresponden a personas distintas.
15. Este estatus de juez único se había adoptado en la década de 1920 por razones presupuestarias. Hace una década, una reforma ha reemplazado ese sistema por otro, en el cual el procedimiento es oral y público y las funciones de fiscal instructor y jueces falladores están en distintas manos.

mayoría eran campesinos de origen mapuche, acusados de robo, de homicidio o de alguna agresión. A veces me resultaba sumamente difícil hacerme entender, pues ciertos detenidos, pobres y analfabetos, sólo hablaban bien su lengua materna, el mapudungún. Ocurría a veces que estaban detenidos sin que tuvieran la menor relación con los hechos de que se les acusaba; en este caso les dejaba inmediatamente en libertad después de sobreseerlos. Otras veces debía colmar el hiato existente entre los intereses de una empresa forestal dedicada a explotar ciegamente los bosques y los de unas familias indígenas apegadas durante siglos a una selva venerada que hacían fructificar conservándola.

Panguipulli estaba a un tiempo adentro y afuera de Chile. Adentro, pues esa región agrícola era uno de los graneros del país. Y afuera, pues mi jurisdicción tenía un aire de territorio autónomo. A veces tenía la impresión de que formábamos una especie de comunidad autogestionada, una república de Panguipulli dotada de leyes de tradición oral.

Uno de los principales problemas que debí enfrentar concernía a litigios por bienes raíces. La reforma agraria, ampliada por el régimen de Allende, disponía la entrega de la tierra a los que la trabajaban e implementaba esto mediante una colectivización a marchas forzadas, lo que no era apreciado del mismo modo por todos. Se multiplicaban las ocupaciones ilegales de explotaciones agrícolas y forestales. Continuamente debía desalojar a los ocupantes ilegales. En jeep o a caballo, escoltado por policías, debía hacer entrar en razón a unos habitantes que se burlaban de los generosos principios que habían inspirado la refor-

71

ma. En cierta ocasión, las negociaciones pudieron acabar muy mal. Los veinte policías que me acompañaban y yo mismo nos encontramos ante un grupo de campesinos que blandían sus herramientas de trabajo con evidente hostilidad. Vestían gruesos ponchos de lana y sombreros deformados por la furiosa lluvia que inundaba ese día de invierno. Nos contemplamos largo tiempo. Era patente su voluntad de atacarnos. Pero finalmente menguó la tensión. Aceptaron, desganadamente, abandonar sin resistencia las tierras ocupadas.

Y estaba el comandante Pepe. Llamado en verdad José Liendo Vera, este Robin Hood de los bosques locales se había convertido en una verdadera leyenda en el departamento de Panguipulli. Apoyado por unos cuantos seguidores, se había apropiado de inmensos territorios que después distribuía entre quienes consideraba que eran sus legítimos propietarios. La población estaba fascinada por el comandante. Se hablaba de un verdadero Zapata, dispuesto a defender su causa con las armas. El rumor incluso decía que llevaba al cinto un cartucho de dinamita y que estaba listo para saltar por los aires en cualquier momento. Un día pude conversar con él por teléfono. Le informé que sobre él pesaba una treintena de órdenes de aprehensión y le propuse que me hiciera una visita de cortesía. Pero el comandante Pepe se burló de mí. Me aseguró que los policías que fueran a arrestarlo morirían junto con él.

Mucho más tarde sabría que el comandante Pepe había hecho muy pocas cosas como las que figuraban en ese retrato grandilocuente. Era un campesino con estudios universitarios, ciertamente más idealista que el promedio, que había dejado su carrera para dedicarse a ayudar directamente a los pequeños agricultores y trabajadores del

72

campo; pero sobre todo sabía manejar tractores y máquinas herramientas. Ni siquiera sabía disparar un revólver.

La cultura jamás había entrado en Panguipulli. Su elite intelectual sólo consistía en algunos burgueses que, cuando se reunían, se contaban historias de burgueses. Apenas llegado, me invitaron en varias ocasiones, antes de caer en la cuenta de que no podría serles útil. Mi vida social acabó limitándose a los escasos habitantes que me parecían dignos de confianza: un profesor de secundaria, el médico y el dentista; este último, con el diploma fresco en las manos, había hecho la práctica con los habitantes de lugar, y los dolores habían sido atroces.

Durante esta primera etapa en la magistratura devoré las obras de los grandes escritores rusos. Apenas el trabajo me permitía algún momento de distracción, me sumergía en las novelas de Dostoievski y Pushkin. El teatro de Chéjov era un verdadero eco de la languidez que me impregnaba la vida. Vivía la existencia monótona de un notable de provincia, mecido por la música triste de la lluvia que golpeaba día tras día mi techo de zinc.

10. UN BRINDIS

Nuestro poder de compra se deterioraba cada mes. Una inflación galopante hacía estragos en Santiago y en las grandes ciudades. Escaseaban los bienes de consumo más habituales y los pocos que había costaban sumamente caros. Inés y yo decidimos comprar un aparato de televisión y tuvimos que inscribirnos en una lista de espera de varios meses... ¡Y el precio del aparato equivalía a mi remuneración de un mes! Lo peor era todo lo concerniente a los alimentos. Faltaban harina, aceite, leche en polvo, carne, arroz, azúcar, pan y otros elementos básicos; también productos de higiene y combustible. Nuestra situación era aún peor, pues no contábamos con cartillas de racionamiento, el salvavidas instaurado por el nuevo régimen: eran patrimonio de los militantes de izquierda y solamente las familias inscritas en un partido de la Unidad Popular tenían derecho a aprovecharlas. A nosotros estaba destinada la escasez.

Felizmente mi nombramiento en Panguipulli nos permitió mejorar la situación. Allá nada faltaba, había cereales, leche y carne. Mis funciones de juez me concedían un estatus importante en el lugar y podía soslayar sin problemas mi carencia de cartilla de alimentos. Compraba raciones suplementarias de harina, carne y queso que llevaba a Viña del Mar en cada viaje, para gran alegría de Inés, que entonces tenía grandes dificultades para alimentar a nuestra hija Sandra. Esos viajes donde mi familia resultaban unas verdaderas expediciones. Cargado como una mula, con las maletas llenas de provisiones, debía coger un pequeño tren de montaña desde Panguipulli hasta Lanco. Después debía alcanzar otro tren que viajaba hacia el norte, por el valle central, durante más de setecientos kilómetros, hasta Santiago. Finalmente recorría en autobús el último tramo entre la capital y Viña del Mar. Mi periplo se veía continuamente interrumpido por problemas del ferrocarril relacionados con la ebullición social o por intempestivas detenciones del autobús debido al racionamiento de combustible. Llegaba agotado, pero la acogida de Inés y de la pequeña Sandra recompensaban mis esfuerzos.

A veces me sorprendía al sentir un hálito de aventura en los múltiples trastornos de nuestra vida. Un día que me encontraba en Valdivia debí pedir prestados cuatro neumáticos de automóvil a un hombre al que apenas conocía, para poder viajar a Panguipulli, donde estaba inscrito, y votar en las elecciones legislativas de marzo de 1973. Los míos estaban absolutamente desgastados y era imposible conseguirlos a menos que se tuviera un amigo mecánico. En otra ocasión, una falsa alarma de bomba en el tren que me llevaba a Santiago lo obligó a avanzar a paso de tortuga la mayor parte del trayecto. Teníamos que familiarizarnos con incovenientes y con imprevistos, lo cual casi siempre me entusiasmaba.

Desgraciadamente, la situación empeoraba a ojos vistas y los chilenos sufrían. Se formaban largas filas ante los almacenes, que producían su ración de empujones, de disputas y de crisis de nervios. En los barrios elegantes, las mujeres de la burguesía organizaban ruidosas manifestaciones durante las cuales golpeaban ollas desesperadamente vacías. «Faltaba todo, todo estaba racionado», atestigua Roland Husson, entonces consejero cultural de la embajada de Francia en Santiago. «Había que formar fila para el combustible, para el gas de la calefacción y la cocina, para la carne, muy escasa, la leche, el aceite, el café, el papel higiénico, bautizado "papel confort", las cerillas, las bombillas, el jabón y el dentífrico. Prosperaba el mercado negro entre los ricos y los extranjeros.»[16]

Como muchos otros, culpábamos al nuevo gobierno por este descenso a los infiernos. Chile se estaba hundiendo desde la elección de Salvador Allende. Cada vez con mayor frecuencia los grandes centros urbanos se veían paralizados por los paros. La industria y la agricultura apenas producían. El producto interno bruto se desplomaba a medida que la inflación llegaba a cifras nunca vistas.[17] Teníamos la sensación de vivir en un país sometido a embargo.

Los primeros actos de sabotaje ocurrieron en esa atmósfera ya sobrecargada. Se atentaba contra vías férreas, oleoductos, gasoductos o transformadores de electricidad y esto aumentaba el sufrimiento de la población. Muy pocas veces se conseguía identificar a los autores de esos atentados. Algunos medios de prensa –especialmente los

16. *Le Temps du Chili*, en casa del autor, París, 2002.
17. En 1973 alcanzó el 1.000 %.

de mayor circulación, que se oponían ferozmente a la Unidad Popular– suponían en ellos la mano de una extrema izquierda deseosa de aplicar en Chile el modelo cubano y de apretar a un gobierno cuyas reformas le parecían demasiado suaves. Los simpatizantes de izquierda, por su parte, imputaban los sabotajes a grupos de extrema derecha hostiles al régimen y más bien dirigidos desde la sombra por la CIA. Aumentaba la sensación de inseguridad. La irrupción de un enemigo invisible agregaba confusión a la miseria.

La desinformación llegaba a extremos. Por mi parte, yo era permeable en gran medida a la propaganda anticomunista: estaba convencido de que organizaciones subversivas amenazaban la estabilidad del país. Los rumores hablaban de veinte mil guerrilleros cubanos ocultos en distintos puntos del territorio y a la espera del momento adecuado. Esta situación se consideraba con toda seriedad.

Me molestaba cómo algunos movimientos extremistas pertenecientes a la Unidad Popular denigraban al poder judicial, organismo del Estado que creían les era fundamentalmente hostil. Altos magistrados recibieron públicamente el tratamiento de «momios de mierda», lo que indicaba el desdén de estos movimientos y de algunos medios por los jueces. La Corte Suprema había protestado abiertamente por las dificultades que tenía para implementar sus decisiones. Desde ese momento se degradaron muy rápido las relaciones entre el Tribunal Supremo y el poder ejecutivo.

Así estaba Chile en 1973: era un país dividido, en estado de pánico, empapado de rumores y fantasmas. En el seno de una misma familia se asistía a desgarramientos debido a orientaciones políticas antagónicas. Dos clanes se alzaban uno contra el otro, hermanos enemigos hacía tiempo irreconciliables. Todo anunciaba una posible guerra civil.

Con cada día que pasaba Salvador Allende se encontraba en una posición más frágil. Atenazado entre el ala izquierda de su coalición de gobierno, que le reprochaba su falta de firmeza, y la oposición de derechas, que exigía su destitución, el presidente de la República debía prestar atención además al desafío de los militares. Deseoso de tranquilizar a los cuarteles, había llegado a nombrar en el gobierno a algunos representantes de las fuerzas armadas. El 29 de junio de 1973 el episodio llamado el «tancazo» hizo resonar la primera alerta seria contra el poder. Al amanecer, a bordo de blindados, un grupo de militares de la guarnición de Santiago se presentó ante el palacio presidencial de la Moneda. Pero antes del mediodía los golpistas fueron controlados. El ejército se mantendría dentro de la ley unas semanas más. Pero ya parecía evidente que la situación escapaba a su control; era tan desesperada que Inés y yo pensamos seriamente marcharnos a Europa.

En el verano europeo de ese año visitamos a mis suegros. Con la ayuda de mi suegro, estudié las posibilidades de empleo en Francia, Bélgica o España; pero no se avizoraba ninguna perspectiva. Mi madre me escribía desde Chile que permaneciéramos en Europa hasta que la situación se calmara. Sólo habíamos salido del país hacía dos meses, pero, leyendo esas cartas, me parecía que Chile estaba a punto de caer en el abismo.

El 10 de septiembre de 1973, a pesar de todas las advertencias, regresé a Chile con mi mujer y mi hija, lleno de escepticismo por mi futuro. Mi madre nos esperaba en el aeropuerto, acompañada por un hombre de aspecto burgués. Nos explicó, en un aparte, que ese antiguo propietario de tierras que las reformas de Allende habían desposeído de sus propiedades, se había improvisado el oficio de taxista. Nos llevó a Viña del Mar. El estado anárquico de la ruta mostraba el clima insurreccional que imperaba en la capital. «Miguelitos»[18] y muchos otros obstáculos cubrían el camino y nuestro conductor debía zigzaguear continuamente. Durante el trayecto nos informó del extremo deterioro de la situación desde nuestra partida. Había habido violentos enfrentamientos en Santiago, toda suerte de rumores de levantamiento militar recorrían la ciudad. Nuestra vida más de una vez parece una obra de Pirandello: el apellido de este chofer de taxi improvisado era de origen francés y bastante corriente en Chile: Pinochet.

En Viña del Mar nos reunimos con mi padre.[19] Estaba molesto porque no hubiéramos aceptado sus consejos. Pensaba que estaba poniendo en peligro a mi hija volviendo a Chile en medio de tan graves problemas. Extenuados por el desfase horario y algo decepcionados por el tibio recibimiento, Inés y yo nos fuimos a acostar.

Al día siguiente, muy temprano, mi madre nos despertó exultante. Proclamaba la noticia hasta perder el

18. Se trataba de enormes clavos torcidos que puestos en tierra siempre apuntaban hacia arriba con el objeto de perforar los neumáticos de los vehículos.
19. Inés, Sandra y yo vivíamos entonces en un apartamento del mismo edificio de mis padres, a dos pisos de distancia.

aliento: el gobierno de la Unidad Popular había sido depuesto por las fuerzas armadas. Chile, heredero de una tradición democrática de fama sin igual en toda América Latina, acababa de conocer un golpe de Estado.

Nos vestimos deprisa y nos reunimos con mis padres en el salón, junto a la radio. Escuchábamos himnos militares sin interrupción. De vez en cuando un breve mensaje, en un tono desesperantemente neutro, anunciaba que era prudente permanecer en casa hasta nueva orden. Finalmente escuchamos la información, todo un alivio para nosotros: la junta que acababa de conquistar el poder por la fuerza estaba constituida por los comandantes en jefe de las tres ramas de las fuerzas armadas y de la policía uniformada: el general Augusto Pinochet, del ejército de tierra, el almirante José Toribio Merino, de la marina, el general de aviación Gustavo Leigh, de la aviación, y el general César Mendoza, de la policía uniformada. Las fuerzas armadas estaban unidas. Iban a restablecer el orden y la abundancia en el país. Estábamos convencidos de que su intervención estaba bien inspirada.

Mi madre era incapaz de contener su alegría. Los militares le inspiraban mucha confianza; conocía su mundo. Tres de sus hermanos pertenecían a sus filas (las tres armas estaban representadas entre mis tíos, uno de los cuales había muerto comisionado) y mi familia siempre había contado con una proporción no desdeñable de soldados y marinos. La generación de mis abuelos había participado en la Guerra del Pacífico.

Yo admiraba también a las fuerzas armadas, de las cuales elogiaba la actitud heroica en algunos momentos decisivos de nuestra historia. Un siglo antes, Chile había salido fortalecido del conflicto que lo opuso a Perú y Bolivia. En nuestra tradición nacional, la lucha encarnizada de la marina, respaldada por el ejército, para salvarnos de «invasores» concedía al conjunto de las fuerzas armadas un aura resplandeciente. Mis padres y yo pertenecíamos al Chile que respetaba esa memoria. De niño me emocionaba mucho al escuchar cierta música marcial o al asistir a los desfiles del ejército. Estimaba especialmente a Bernardo O'Higgins, uno de los padres de la independencia.

Destacábamos el prestigio de gran integridad, caballerosidad y ética del ejército de tierra, a quien se había confiado, en la persona del general Pinochet, la dirección de la junta. En pocas palabras, nos habían tranquilizado y estábamos confiados. Convencidos de que se había evitado lo peor, no éramos conscientes de que, en realidad, lo peor estaba por venir.

Un programa acababa de reemplazar a los himnos militares en la radio. Ahora alguien recitaba una interminable lista de nombres. Las personas nombradas, funcionarios del régimen de Allende o militantes políticos y sindicales pertenecientes a organizaciones de izquierda, eran invitadas a presentarse en la jefatura de policía o en otros lugares. Su seguridad no se vería amenazada, aclaraba la voz. Confiando en eso, una parte de los nombrados respondería a esa convocatoria.

Destapamos una botella de champaña antes de desayunar. Brindamos por el fin de la pesadilla, esos tres años de escasez socialista que queríamos olvidar deprisa. Al llevarme la copa a los labios, estaba muy lejos de imaginar que una represión implacable se abatiría sobre Chile durante largos años. Habían aplastado el derecho y la justi-

81

cia, los valores en que entonces más creía, y yo alzaba la copa. Las grandes convulsiones políticas nos suelen cegar y nos hacen perder de vista nuestros marcos de referencia. Aún más en mi caso, cuando uno es un espectador melancólico que ama la tranquilidad.

En el salón discutíamos desordenadamente con Inés y mis padres. Un gozoso estrépito resonaba en cada piso del edificio, como eco de nuestra propia exaltación. Estrofas del himno nacional surgían de diversos apartamentos. El alborozo invadía el vecindario a pesar de los ecos del bombardeo que nos llegaban por radio. A un centenar de kilómetros, en Santiago, la aviación bombardeaba el palacio presidencial de la Moneda.

No habíamos terminado de beber una primera copa cuando un boletín informativo nos dejó petrificados. Salvador Allende acababa de morir. Se había suicidado en el palacio de la Moneda, donde las tropas a las órdenes de la junta habían descubierto su cuerpo al ingresar al lugar. Había preferido darse muerte antes que renunciar.

El champaña y la sangre no se acompañan bien. Nuestro brindis adquirió un sabor amargo y se instaló un silencio avergonzado entre nosotros. Mis padres, a título personal, apreciaban enormemente a Salvador Allende y a su mujer, Hortensia, llamada Tencha, y con ellos se habían visto en numerosas ocasiones. Aunque no compartían las ideas del jefe del Estado, le consideraban un hombre profundamente íntegro, agradable, lleno de sentido del humor y muy culto. Mi padre y él tenían varios amigos en común, comenzando por Pablo Neruda.

Cesó la alegría y dio paso a la incredulidad y a una sensación difusa de culpabilidad. No creíamos que la sangre llegara al río. Esperábamos, en todo caso, un golpe de

Estado limpio y preciso, sin víctimas ni heridos. Ese suicidio resultaba chocante. ¿Por qué Salvador Allende no había capitulado y elegido el exilio? No era culpable de ningún delito y pensábamos que el ejército no le habría tocado un pelo.

Yo no sabía que en la mañana del 11 de septiembre de 1973, mientras festejaba en familia el golpe de Estado, antes que los golpistas se hubieran apoderado de todas las emisoras, Salvador Allende se había dirigido en tres oportunidades al pueblo que le había elegido. A media mañana, por las ondas de radio Magallanes, había dicho lo que quedaría como su testamento para la historia: «Pagaré con mi vida la lealtad del pueblo... Tengo que agradecerles la lealtad que siempre tuvieron, la confianza que depositaron en un hombre que sólo fue intérprete de grandes anhelos de justicia, que empeñó su palabra en que respetaría la Constitución y la ley, y así lo hizo... Mis palabras no tienen amargura, sino decepción. Que sean ellas el castigo moral para quienes han traicionado su juramento... La historia es nuestra y la hacen los pueblos... Por lo menos quedará mi recuerdo: el de un hombre digno, que fue leal a su patria.»

A pesar de ese drama, quería creer en un golpe de Estado inspirado en el bienestar del país. Estaba convencido, además, de que no tardarían en organizarse elecciones y que el poder muy pronto sería restituido a los civiles. No podía imaginar que durante mucho tiempo Chile carecería de elecciones legislativas y presidenciales, que se borraría toda huella de democracia, y que miles de mis compatriotas pagarían un precio muy duro –la tortura, la muerte y las desapariciones forzadas– por esta ceguera colectiva.

Segunda parte

Una vida normal

11. MAÑANAS QUE CANTAN

Entre nuestros conocidos había muchos que creían que el golpe de Estado era un verdadero milagro. Recuerdo haber escuchado que un militante democratacristiano se refería a este asunto como si fuera una «bendición divina». Nuestros nuevos amos eran para él unos ángeles, venidos del cielo a liberar el país. Hoy esa reflexión puede parecer ridícula después de conocer a esos serafines de lentes negras, uniforme ceñido y aspecto severo, que desfilaban con paso impecable y cadencioso. Sin embargo, Augusto Pinochet seducía a la multitud de una manera casi religiosa. Su nacionalismo con botas y sus arengas violentamente anticomunistas equivalían a prédicas marciales.

Desde el mismo día en que se hicieron con el poder, el general y sus acólitos se esforzaron por revestir el golpe con unción cristiana. Los militares, que se presentaban como servidores de la fe católica, se oponían a los marxistas sin fe ni ley que habían llevado el país a la perdición. El 27 de septiembre de 1973, entrevistado por el semanario *Qué pasa,* declaraba Augusto Pinochet: «Deseo reiterararles que no somos unos ambiciosos del poder, sino un gobierno dedicado por entero a servir a la Patria. Tampoco somos inhumanos o crueles, pertenecemos a una sociedad formada en los principios cristianos occidentales.»

Ese discurso tenía un eco inmenso en un país donde la influencia católica es muy fuerte. Durante los tres años de la Unidad Popular, creía Augusto Pinochet, el pueblo había «rezado por su salvación» a la espera de una señal. Esa señal había llegado el 11 de septiembre de 1973 y ahora los chilenos se sentían «libres y lejos del mal». Si hemos de creerle, su acción había dependido de una misión divina. Le habían elegido para neutralizar los proyectos del Maligno.

No compartía ese fervor. Sólo me alegraba por el cambio de gobierno y por haber recuperado la estabilidad. Como jurista, debía haberme alarmado por las restricciones de las libertades públicas. La suspensión de la Constitución, la disolución del parlamento, la aplicación de la censura y del toque de queda y la prohibición de los partidos políticos me parecían, quizás, males necesarios.

El espantajo que agitaba la junta era eficaz. Mientras menos visible es un enemigo, más temor inspira. En las noches posteriores al golpe, más de una vez escuché en Viña del Mar resonar ráfagas de ametralladora. Interpretaba esos signos inquietantes como la lucha indispensable de las fuerzas armadas y de orden contra grupos terroristas de extrema izquierda partidarios de la estrategia del terror. Muy a menudo la sensación que me embargaba el espíritu al escuchar ese crepitar de la muerte se podía resumir en las palabras «un enemigo menos»... ¿Pero cuál enemigo podía ser? ¿El MIR, el partido de extrema izquierda partidario de la lucha armada? ¿Obreros irreductibles y opuestos al nuevo régimen? ¿Castristas infiltrados en el país? No sabía nada.

Apoyaba mis falsas certidumbres en la lectura de la prensa, cambiante como las mareas, entregada ahora en cuerpo y alma a los militares y que daba rienda suelta a una propaganda desorbitada.[20] Estaba aceptando peligrosas reducciones mentales: por ejemplo, me gustaba pensar que un ciudadano honesto nada tiene que temer en un país donde las libertades se han restringido a la más elemental expresión y donde las fuerzas armadas y de orden tienen todos los derechos. Deseaba que reinara el orden. Provisto de un armazón monolítico de lecturas, consideraba muy plausible que la Unidad Popular hubiera traicionado la democracia y se hubiera situado en la ilegalidad.[21] Los militares, en cambio, consolidarían lo que yo consideraba el fundamento de toda democracia: la paz civil. No tardarían en devolver el poder a los civiles una vez cumplida su misión.

Conocía a muy pocos militantes comunistas o socialistas. A ningún sindicalista. Ni al menor «mirista». Mis amistades más «izquierdistas» pertenecían a la democracia cristiana. En otras palabras, mi entendimiento de las cosas no se veía afligido por ninguna contradicción. Desconocía la severa represión que soportaban los partidarios de Salvador Allende. La flagrante ilegalidad del golpe de Estado estaba revestida en mi círculo íntimo por expresiones positivas como «restauración de la legalidad». Incluso Inés

20. Sólo los medios de prensa derechistas fueron autorizados por la junta.
21. Unos veinte días antes del golpe de Estado, la cámara de diputados había acusado al gobierno de violar la Constitución. Había emplazado al gobierno de Allende a controlar inmediatamente esa situación. Pero al día siguiente los diarios titulaban «Allende ilegal». Este episodio tranquilizó la buena conciencia de muchos de nosotros cuando se produjo el golpe de Estado.

parecía aliviada, lo que habría resultado por completo incongruente para todos los que la habían conocido en sus tiempos de estudiante. Profundamente decepcionada por la Unidad Popular, cansada de la precariedad y las miserias que habían marcado esos tres años, aprobaba el nuevo régimen. La teoría política tenía muy poco que decir en este cambio. Ella no quería volver a vivir lo que había vivido cuando nació Sandra.

Regresé a Panguipulli unos quince días después. La efervescencia era mucho menor que en Viña del Mar o Santiago y la presencia militar apenas se advertía. Pero, en cambio, los efectos del golpe de Estado no habían tardado en observarse: habían cesado completamente las ocupaciones ilegales. Los militares ahora se encontraban al mando de las empresas públicas de la región, de las explotaciones forestales o agrícolas, de las de acuicultura... Allí reinaba el nuevo orden, lo que significaba el despido sumario de todos los sindicalistas. Acusados de haber puesto en peligro la supervivencia de sus empresas debido a su activismo político, esos trabajadores se encontraban de un día para otro en la calle y sin indemnización. Un tribunal de excepción, compuesto por un representante de las fuerzas armadas, por un inspector de trabajo y por un juez civil, se encargaba de examinar los recursos que algunos habían presentado contra su despido. Las nuevas autoridades intentaban impedir cualquier riesgo de subversión en el seno de unas empresas decisivas para nuestra economía: no se reintegró a casi ningún trabajador que hubiera presentado un recurso contra su despido.

En la pensión familiar donde residía, frecuentada esencialmente por funcionarios y representantes de comercio, todos sosteníamos el régimen militar. Cada tarde, después del trabajo, veíamos las noticias en la televisión y nos alegrábamos por la cotidiana catarata de buenas noticias. Los quioscos de revistas otra vez estaban llenos, obreros y camioneros habían vuelto al trabajo, las fábricas funcionaban a pleno rendimiento, los servicios públicos recuperaban una eficacia que habíamos olvidado...

Alrededor de nosotros, las pocas mujeres presentes elogiaban a Augusto Pinochet. Alababan la altiva belleza de ese general de penetrantes ojos azules y bigotes recortados, la prestancia con que vestía el uniforme. Las más fanáticas le veían como un arcángel enviado por Dios para salvar a Chile de los espantos del comunismo.

Los trenes, gracias a los militares, cumplían su horario. El país avanzaba de nuevo sobre rieles y nunca más se iba a desviar. La oposición armada se retiraba fuera de las fronteras ante la decisión feroz de nuestras tropas. Habíamos evitado por poco la catástrofe.

12. JUEZ EN TIEMPOS DE PINOCHET

En 1974 llegué a Santiago como juez del crimen de menor cuantía. Contaba ahora con conocidos que disponían de las relaciones necesarias en el seno del poder judicial para que me designaran en la capital.[22] En junio de 1974, por fin me pude reunir con Inés y Sandra. La ciudad estaba en calma, ordenada. Había cesado la ebullición de fines de 1973. Una muchedumbre silenciosa andaba por las calles y casi en todas partes había soldados patrullando. Me parecía tranquilizador: había desaparecido la inseguridad de los últimos meses. Las fuerzas armadas y de orden tenían el control.

Algunas huellas recordaban los feroces combates que habían ocurrido diez meses antes en el barrio de la Moneda, donde se encuentra el palacio de justicia de Santiago. El palacio presidencial aún mostraba las cicatrices de los bombardeos aéreos; a su alrededor, había edificios que conservaban las marcas de las balas que en ráfagas habían caído sobre ellos. Anduve por ahí, apesadumbrado. A pe-

22. Antes me desempeñé por un breve lapso como juez suplente en Santa Cruz.

sar del ligero alivio que me seguía acompañando, la jornada del 11 de septiembre de 1973 perduraba en mi espíritu como una de las fechas más tristes de la historia de mi país. Ese día los chilenos habían abierto fuego contra sus compatriotas.

Además de al trabajo, consagrábamos mucho tiempo a Sandra, a la lectura y al tenis. El toque de queda impuesto por las nuevas autoridades limitaba nuestros desplazamientos. Eran escasas las salidas a un restaurante o al cine; debíamos regresar temprano. Algunos optaron por veladas que se prolongaban toda la noche, desde el principio hasta el final del toque de queda.

Me habían nombrado juez de primera instancia y me ocupaba de delitos menores. Mi vida diaria era tranquila: la fuerte presencia militar en la ciudad y la aplicación del toque de queda disuadía a los delincuentes. El poder judicial, que gozaba de la confianza del nuevo régimen, había recuperado la calma. La connivencia entre los jueces y los militares era un dato de la realidad. Inmediatamente después del 11 de septiembre una verdadera purga apartó de la magistratura a todos los elementos sospechosos de simpatías políticas heréticas.[23] En el mejor de los casos, se los trasladaba al otro extremo del país y su carrera adquiría un ritmo sumamente lento. Fue el caso, por ejemplo, de Alfredo Azancot, a quien sin embargo se consideraba el mejor

---

23. En *El libro negro de la justicia chilena* (Planeta, Barcelona, 2000), la periodista Alejandra Matus Acuña cita un informe de la federación de magistrados según el cual más de doscientos cincuenta jueces y funcionarios de justicia habrían sido trasladados, reemplazados u obligados a renunciar después del golpe de Estado.

juez de Valparaíso. Prestaba suma atención a la situación social de los que estaban en prisión preventiva y creía que no se debía castigar a nadie que tuviera hambre y hubiera robado para alimentarse. Como Juan Papic, consideraba que la pobreza y el hambre son las mayores circunstancias atenuantes. Juez humanista, Alfredo Azancot adquirió fama de «juez rojo». Le enviaron a La Serena, a un cargo entonces mucho menos gratificador que el que ocupaba en Valparaíso. Este magistrado tuvo que esperar allí unos veinte años antes de ascender a un tribunal de apelaciones. A veces las consecuencias eran más dramáticas. Hubo magistrados que sencillamente debieron abandonar sus funciones; otros, evidentemente partidarios de los generales, ocuparon enseguida su lugar. Casi la totalidad de los jueces que mantuvieron su cargo después del 11 de septiembre eran partidarios de la junta. Muchos, como yo, lo hacían por convicción.

El Tribunal Supremo se había alineado abiertamente con los nuevos amos del país. Su presidente, Enrique Urrutia, hasta en sus discursos menos importantes dejaba muy clara su adhesión absoluta. En marzo de 1975, con ocasión de la apertura del año judicial, desechó de una plumada las acusaciones de violaciones a los derechos humanos que se habrían producido después del golpe: «Este país adhirió, en su oportunidad, a la Declaración Universal de los Derechos Humanos, y Chile no es una tierra de bárbaros, como se ha dado a entender en el exterior, ya por malos patriotas o por individuos extranjeros, que obedecen a una política interesada. Y cualquier afirmación en contrario se debe a una prensa proselitista de ideas que no pudieron ni podrán prosperar en nuestra patria.»

Nunca antes el poder judicial chileno se había inmiscuido hasta ese punto en la vida política del país. Abucheados y vilipendiados durante la Unidad Popular, los jueces se estaban vengando. También hay que decir que tenían mucho miedo. En efecto, bajo Salvador Allende se había elaborado un proyecto que preveía la creación de tribunales populares. Muchos magistrados habían visto en ello el anuncio de su expulsión. O por lo menos temieron perder prerrogativas y privilegios.

En Santiago conocí verdaderamente el cuerpo al que pertenecía. El descubrimiento de las altas instancias de la justicia chilena fue una decepción. Vi a notables, ahítos y aburridos, desprovistos del menor ideal, dictar sentencia según el cliente y sin la menor consideración por el mandato que les era confiado. Sólo los contenciosos financieros de importancia les sacaban a veces de su letargo cotidiano. En tales casos los que estaban en prisión preventiva eran famosos y litigaban con la ayuda de los abogados más prestigiosos del país. Pero los litigios de un cualquiera les exasperaban. Y se mostraban mucho más diligentes para resolver un conflicto entre dos grandes empresas que un asesinato en una población, y esto en virtud de un lema no escrito que les servía de brújula: «Serviles ante los poderosos, indiferentes ante los débiles.»

El recuerdo de un antiguo mentor me acompañaba casi cada día. Hugo Gajardo Nuche era juez en Valdivia, donde le había conocido durante mi permanencia en Panguipulli. En esos días, Hugo intentó abrirme los ojos sobre la justicia chilena y me había dado algunos consejos. Las lecciones de vida que me entregó entonces han permanecido grabadas en mi memoria.

95

Me enseñó, por ejemplo, cómo navegar entre los escollos del compromiso. Si un día ocurría que un magistrado de un tribunal superior me llamara para que favoreciera la causa de uno de sus conocidos –llamémosle señor Rodríguez–, acusado por haber provocado la muerte de un peatón que cruzaba por el paso de peatones, debería responderle, básicamente: «Sí, señor, no se preocupe, me ocuparé personalmente. Estudiaré especialmente el caso, señor. A sus órdenes, señor...» Y después, me decía Hugo, lo esencial es no hacer nada que pueda repugnar a tu conciencia. Después de estudiar cuidadosamente la causa, sólo tendría que llamar al juez del tribunal superior y decirle, respetuosamente: «Señor, lamento informarle que los datos que le han comunicado acerca del señor Rodríguez no han resultado exactos. Varios testigos le vieron cruzar con luz roja y temo que nada puedo hacer ante eso. Pero haré todo lo posible por dictar sentencia en el menor plazo...» Y después de haber hecho esta promesa, afirmaba Hugo, bastaba con olvidar todo, hasta el nombre del recomendado. Y, llegado el momento, juzgar al señor Rodríguez según los elementos de la causa sin volver a pensar en el asunto.

En otra oportunidad recurrí a Hugo para pedirle algunos elementos de juicio de una causa. Su respuesta fue una nueva lección. «Escucha, Juan, la jurisprudencia no es obligatoria en Chile. Procura que tu dictamen sea conforme a la ley y a tu conciencia; eso es todo lo que cuenta.»

Hugo me aconsejó juzgar con toda libertad. No consideraba las conveniencias ni el qué dirán. Dictaba sentencia sin preocuparse por los comentarios que pudieran denigrar sus dictámenes. Había aprendido a liberarse de la jurisprudencia que en tantas ocasiones sólo era un reflejo de lo medroso de sus pares.

Me esforzaba por mantener la dignidad de mi cargo; en recuerdo de Hugo. Conservaba la alta estima por mi juramento de magistrado. Hacía mi trabajo lo mejor posible, aunque topara con esa humanidad estrecha y reseca, distante del mundo, satisfecha consigo misma, que consideraba que la ética era señal de debilidad y el derecho uno de los instrumentos para que una parte de la sociedad domine a otra. Me habría gustado admirar a mis pares, considerarles un ejemplo; pero, apenas con algunas excepciones, sólo veía alrededor de mí ambiciones y maniobras, prejuicios y cobardías...

Algunos abogados manifestaban su inquietud en el palacio de justicia. Pero ya el miedo se insinuaba en los pasillos. Las manifestaciones públicas de hostilidad al nuevo régimen eran escasas, por muy arriesgadas. Cada uno desconfiaba de su vecino. Uno de mis conocidos en el palacio, el abogado Hernán Montealegre, casado con una amiga de la infancia, fue encarcelado por el solo delito de haber ofrecido sus servicios en causas de violaciones de derechos humanos. Fue la única ocasión en que mi entorno inmediato fue afectado. Pero, en lo más hondo de mí mismo, allí donde la conciencia tenía su nicho en esos tiempos de dictadura, comencé a vislumbrar que esa denegación de justicia era la punta emergente de un iceberg.

13. VER PARA CREER

Llegaba a mi despacho temprano por la mañana y me marchaba a última hora de la tarde. Los fines de semana muchas veces debía estudiar las causas. Ocupaba mi escaso tiempo de ocio en la lectura, paseando o visitando a amigos. Nos mecía el ronroneo tranquilizador de la prensa. Se nos decía que el país volvía a ponerse en marcha, que se había «neutralizado» al enemigo invisible, que la democracia volvería dentro de poco. Y repetíamos todo eso. Se nos advertía que no consideráramos en serio los rumores sobre graves violaciones de los derechos humanos que se habrían cometido en Chile después del 11 de septiembre de 1973, pues se trataba de acusaciones sin fundamento que provenían de enemigos de la nación y de agitadores europeos intoxicados por Moscú. «Se» pensaba por nosotros.

Inés conservaba numerosos amigos en Francia y la mayoría era de izquierdas. En cada uno de sus viajes le resultaba insoportable escuchar que condenaban a Chile unas personas que no lo conocían. El general Pinochet —que evidentemente había puesto fin al caos y nos había permitido recuperar una vida normal– era descrito por ellos como un dictador sanguinario, comanditario de actos de tortura y de ejecuciones sumarias y arrestos sin motivo... Paralelamente, situaban a Salvador Allende en un pedestal, sin prestar la menor atención a nuestro testimonio sobre aquellos tres años de penuria y caos. Cada uno se aferraba a posiciones en blanco y negro. El diálogo de sordos era total.

Yo desconfiaba de las acusaciones propaladas en el exterior contra el nuevo régimen. La prensa extranjera informaba que centenares de opositores habían sido ejecutados sumariamente por los militares y sus cuerpos arrojados al Mapocho, el río que desciende de la cordillera y atraviesa Santiago. No vacilaban en afirmar que un río de sangre recorría la capital. Nunca había presenciado tales escenas y tampoco nadie entre mis conocidos. Aceptaba considerarlas fabulaciones y enfrentar unas críticas que me parecían sin fundamento. Pinochet había acabado con el experimento de la Unidad Popular. Por todas partes las fuerzas de izquierda se habían alzado contra eso y creía que utilizaban la calumnia para ocultar el fracaso de la revolución por las urnas.

El nuevo régimen respondía a cada acusación con otra, que la prensa chilena difundía de manera complaciente. Se pintaba a los exiliados políticos como viles oportunistas y se contaban al respecto las historias más delirantes. Se decía que se los había visto en la Costa del Sol o en la Costa Azul, donde vivían en grande después de haber sumido al país en la crisis.

En realidad creíamos que una parte de nuestros compatriotas había aprovechado lo que llamábamos la «beca Pinochet» para viajar a Europa. Una vez fuera de Chile, se habían unido al concierto de recriminaciones. Nos contentábamos con generalizar. Nos resultaba más fácil caricaturizar a esos exiliados que aceptar la visión trágica que ofrecían del país donde vivíamos apaciblemente.

Sin embargo, durante mi destino en Santiago desde 1974 tuve varias oportunidades de caer en la cuenta de los excesos que cometía el régimen. Me correspondió efectuar algunos reemplazos en tribunales superiores. A mediados de 1975 reemplacé al juez del octavo juzgado del crimen de Santiago. Entonces tuve acceso a legajos de instrucción en los cuales encontré fotografías de decenas de cadáveres. Los había de hombres y mujeres, de jóvenes y viejos. Todos habían muerto por disparos de arma de fuego. Algunos cuerpos mostraban cerca de una veintena de impactos. Otros sólo dos o tres. Las víctimas de ningún modo parecían guerrilleros. Eran, a ojos vistas, gente modesta proveniente de poblaciones; sombras de la calle.

Cada una de esas instrucciones por homicidio concluía en un callejón sin salida. Nunca había testigos y los informes de la policía invariablemente aseguraban que no se había podido hallar a los autores de los delitos. Pero mencionaban que, según las pericias balísticas, las armas tenían el calibre utilizado por el ejército. Finalmente el juez terminaba siempre archivando el asunto, considerando que las víctimas habían sido heridas mortalmente por obra de terceros y que no se había logrado establecer quiénes eran los autores, cómplices o encubridores de esos crímenes.

Enfrentado a esas primeras señales, yo era como el apóstol Tomás, el incrédulo, que se negaba a creer en la resurrección de Cristo y declaró a sus once compañeros: «Si no veo en sus manos las marcas de los clavos y no introduzco un dedo en el lugar de los clavos, si no le introduzco la mano en el costado, no, no voy a creer.»[24] Yo también necesitaba ver para creer. Las fotografías de esa pobre gente asesinada no bastaban aún para hacerme salir de mi torpeza. El escepticismo ya era mi segunda naturaleza y me resultaba difícil aceptar lo que significaban esas imágenes: al parecer grupos aislados del ejército, de la aviación o de la policía habían formado verdaderos escuadrones de la muerte que sembraban el terror en los barrios populares y ejecutaban sumariamente a quienes no tenían domicilio fijo y a cuantos se atrevían a desafiar el toque de queda. Esos crímenes eran gratuitos. No los motivaban ni la ideología ni el interés. Sus autores, dirigidos por un superior desalmado, habían decidido «limpiar» la ciudad, habiendo perdido todo respeto por la vida humana.

Comencé a intuir, sin embargo, que algo no cuadraba desde que las fuerzas armadas y de orden se habían arrogado las riendas del poder. Advertía, cada vez más, que excedían su mandato y su juramento. No obstante, instalado en la comodidad acolchada de mi conciencia, trataba de tranquilizarme. Entre jueces no hablábamos de esas cosas. Y cuando me explayaba con mi mujer, no me atrevía a decirle lo que presentía. Intentaba convencerme de que debía de tratarse de hechos aislados. Seguía rechazando la idea de que mis compatriotas pudieran haber engendrado tamaña barbarie.

La mayoría de mis conocidos era de derechas. No querían oír hablar de desenfrenos del ejército. Un día confesé mi inquietud a un amigo abogado y oficial de reserva.

24. Juan, XX, 24-28.

Mi interlocutor frunció el ceño ante mi estado de ánimo: «¡Qué quieres, amigo, es la guerra!» En otra ocasión, durante una cena, me arriesgué a recordar las crueldades a que mi trabajo me había enfrentado. La dueña de casa me interrumpió con una amable sonrisa: «Por favor, Juan, te hemos invitado para pasar juntos un momento agradable...»

Como magistrado, tenía la certeza de estar bien informado. Repetía interminablemente que si se habían cometido delitos, éstos habrían llegado a conocimiento de los tribunales. Y allí estaba yo, en primera fila, para haberme enterado. Ahora bien, durante mi destino en Panguipulli, jamás oí hablar de tales horrores, y creía que las ejecuciones que tenían lugar entonces obedecían verdaderamente a consejos de guerra, como nos informaban los medios de comunicación social. De la duda pasé a la convicción cuando realicé unos reemplazos como relator en la Corte de Apelaciones de Santiago. Eran los años 1976-1977, en plena dictadura. Tuve que presentar a los jueces del tribunal de alzada numerosas causas de *habeas corpus* planteadas por los parientes de personas desaparecidas.

El *habeas corpus* es un concepto proveniente del derecho anglosajón. Adoptado por el parlamento inglés en 1679, inicialmente establecía que toda persona encarcelada tiene el derecho de ser presentada a un juez para que éste decida sobre la validez de su arresto o de su prisión. En el contexto chileno de la época, las causas de *habeas corpus* apuntaban a establecer dónde —y por disposición de qué organismo del Estado— estaba detenida ilegalmente una persona sin motivos que autorizaran su privación de libertad. Los abogados de esas familias de desaparecidos se referían a una disposición constitucional integrada al procedimiento penal con el nombre de *recurso de amparo* [nombre que en Chile se da a los *habeas corpus*]. En pocas palabras, interpelaban al Estado reclamándole que presentara el *cuerpo* de la persona aprehendida fuera de todo marco legal o que cesara inmediatamente cualquier privación ilegal de libertad.

En la práctica, esta garantía fundamental de las libertades individuales tenía muchas limitaciones, pues las diligencias para encontrar a un desaparecido dependían estrictamente de la buena voluntad y de la sinceridad de la administración correspondiente. No se podía pensar en ningún tipo de verificación independiente. Si la DINA, la policía política creada por la junta militar, el SELDET, Secretaría Nacional de Detenidos, el Ministerio del Interior u otros organismos oficiales informaban que tal militante de izquierda no había sido detenido por sus funcionarios, había que darse por satisfecho con esa respuesta. De este modo los rechazos a dichos recursos surgían desde todas las salas de la Corte de Apelaciones de Santiago. Algunas de estas resoluciones ordenaban enviar estos antecedentes al juzgado del crimen del caso para la investigación correspondiente. Prácticamente ninguna investigación concluía en algo.[25]

Mi papel de relator consistía, entre otras funciones, en comunicar el tenor de cada causa de *habeas corpus* a los magistrados del tribunal de apelaciones. También cumplía la función de relator en el marco de peticiones de liberta-

---

25. Las cortes de apelaciones de Chile registraron alrededor de diez mil recursos de amparo por desapariciones durante la dictadura. Sólo una decena tuvo algún efecto.

des provisionales. Mi primer día de trabajo significó que se me derrumbó un sector completo de mis ilusiones sobre el ejercicio de la justicia. Me encontré ante tres magistrados altaneros y gruñones. Ordené los expedientes y comencé a exponer las circunstancias de un primer caso de desaparición. «El señor Ramón López Gutiérrez[26] ha presentado el 25 de marzo de 1976 un recurso de amparo en beneficio de su hermano José López Gutiérrez. El 18 de marzo de 1976 se presentaron en el domicilio de José López Gutiérrez personas vestidas de civil y provistas de armas de fuego. Revisaron toda la casa en busca de armas, destruyeron todos los muebles y se apoderaron de todos los libros y publicaciones que consideraron subversivos. Enseguida procedieron a la detención de José López Gutiérrez, el cual hasta hoy no ha aparecido, desconociéndose, además, su paradero. El vehículo donde se lo llevaron no tenía matrícula. El modo como se expresaban esas personas, según los testigos, permite pensar que pertenecían a las fuerzas armadas...»

Instalados en sus estrados, con aires de superioridad, los jueces elevaban los ojos al cielo y ponían de manifiesto su exasperación. Al cabo de un minuto, uno de ellos me interrumpió:

–Escuche, señor Guzmán, la historia es siempre la misma... ¿Hay un organismo que tenga detenida a esa persona?

–Los resultados de la investigación establecen que el señor López Gutiérrez no se encuentra en ningún centro de detención dependiente del ejército, de la policía o de la justicia, señoría...

–¿Y qué espera entonces, señor? ¿Tiene usted el proyecto de resolución?

26. El caso que aquí paso a exponer es imaginario.

–No –balbucí.

–¿Nadie, ningún colega, le ha dicho nada? Sepa entonces que si nos viene a exponer un recurso de amparo también nos debe presentar un proyecto de resolución.

Al advertir mi interlocutor que no le comprendía, insistió:

–Si de los informes que provengan de los distintos organismos pertinentes, el Ministerio del Interior, la policía, la DINA, etc., se desprende que las personas desaparecidas no han sido detenidas por ellos, nos debe preparar una sentencia rechazando el recurso...

Acto continuo, otro de los jueces me dictó una sentencia tipo.[27] Enseguida, me aconsejó que en lo sucesivo llevara, a las diversas salas en que debía relatar, los proyectos de las resoluciones que rechazaban los recursos redactados conforme al conocido «formulario Javert». El juez del cual tenía el nombre[28] dicho formulario muy pronto había traducido en sentencias de rechazo la pusilanimidad del aparato judicial ante las causas por desapariciones, demostrando bastante «talento» para rechazar los pedidos de *habeas corpus* y aprovechar los artificios del procedimiento penal. Su formulario tipo era un verdadero modelo. Indicaba, en virtud de una lógica mecánica, que en vista de los elementos de que se disponía, la Corte de Apelaciones no podía acoger el recurso que se le había presentado. A los tres jueces les bastaba con que el relator escribiera la fecha, el número de la causa y el nombre de la persona buscada,

27. Refiriéndose al artículo 306 del código de procedimiento penal y a los documentos reunidos ante los organismos del Estado, la fórmula consagrada declaraba, sencillamente, «que no ha lugar el recurso de amparo» sometido al tribunal de apelaciones.

28. He modificado el nombre.

y el asunto estaba concluido. No había otra alternativa que este formulario denegatorio.

Tuve que relatar numerosos recursos de amparo como simple *factotum* carente de la menor facultad para opinar. Mis legajos solían componerse de una decena de páginas: el relato de los parientes que solicitaban el *habeas corpus* y los informes negativos de diversos servicios del Estado. Me pedían que relatara y aprovechaba concienzudamente la tarea. Redactaba síntesis explícitas de cada caso de desaparición, aunque supiera que el resultado final se resumiría en un rechazo conforme al formulario Javert.

Con esto, día a día, por esos expedientes todos semejantes, me fui convenciendo de la amplitud del drama. Habría querido responder a las expectativas que unas personas quebrantadas ponían en los jueces. Pero la relación de fuerzas era muy desequilibrada. No disponía de la menor parcela de autoridad ni del menor resquicio para actuar. Yo, que había sido siempre tan sensible al absurdo, me estaba situando en el mundo de Kafka y de Orwell. Sólo era un engranaje dotado de palabra. Incapaz de invertir la rotación de un mecanismo inexorable, bajo el artesonado de este «palacio de injusticia», comprobaba cada día con despecho la sumisión ciega de mis pares a sus nuevos amos. Y me decía que quizás un día estaría en condiciones de hacer prevalecer mi propia conciencia sobre la iniquidad de un sistema que había renegado de su independencia y vendido su alma.

De momento evitaba hablar con mis padres acerca de lo que estaba descubriendo. Creo que deseaba preservarlos de esa inhumanidad. Como ya dije, mi madre, hermana de militares, admiraba a las fuerzas armadas. Mi padre era un poeta lleno de sensibilidad, pero sobre todo un anciano que vivía sus últimos años. No quería perturbarles. Me encerré entonces en el silencio como quien se interna en la selva más profunda.

Mi padre murió pocos meses más tarde en el Chile de Pinochet. Dominó cuanto pudo su enfermedad y continuó escribiendo hasta el fin; hasta esa mañana de julio de 1979 en que los médicos indicaron que se le debía transferir a un hospital. Digno ante la muerte que se aproximaba, y señor como era ante todo evento, rechazó la camilla que debía llevarle. Vestido con un traje impecable, después de ajustarse la chaqueta y de abrazarnos, cruzó el umbral del apartamento de Viña del Mar sabiendo que no nos volvería a ver. Mi padre se marchó de nuestra vida tal como le habíamos conocido siempre. Imperial.

14. TALCA

Mi ascenso a la Corte de Apelaciones de Talca, en 1983, fue un paso decisivo para mí. Experimentaba además una sensación parecida a la salida de una prolongada hibernación. Algo empezaba a cambiar en mí. En el origen de este cambio hubo una flagrante traición y al mismo tiempo una mancha contra el prestigio del uniforme. Unas semanas antes de mi partida de Santiago, un oficial de carabineros me había presentado una petición para identificar numerosos locales clandestinos de expendio de alcohol en un conjunto de miserables edificaciones de la capital. Confiado, firmé la orden correspondiente sin hacer preguntas. Al día siguiente supe por la prensa que la operación había adquirido otro sesgo. Las fuerzas del orden habían procedido al rastrillaje de varios inmuebles, aterrorizando a las familias y obligándolas además –metralleta en mano– a pasar la noche a la intemperie. Mujeres, personas mayores y niños fueron amontonados en una rotonda de una avenida vecina hasta la mañana. No iban a investigar la venta clandestina de alcohol, sino a hipotéticos terroristas y sus escondites de armas. Jamás debí haber firmado esa orden ni contribuido a tanto dolor, dolor que todavía me agobia. Además, habían traicionado mi confianza.

Todavía hoy pienso en esa experiencia y siento una culpa sorda. En esa ocasión no había sido un testigo mudo. Había firmado una orden que resultó infamante. Ese día comprobé una vez más que el engaño y la mentira eran elementos inherentes en el sistema que imperaba. Ese engaño ha sido determinante en mi naciente vehemencia para avanzar en la búsqueda de la verdad.

En Talca, como juez del tribunal de alzada, debí pronunciarme sobre peticiones de *habeas corpus* que se referían a detenciones por motivos políticos. Mi voto, como el de mi colega Luis Carrasco, estaba por acceder a estas peticiones. Junto con la profunda admiración que sentía por la actitud humanista del obispo de Talca, mi tío Carlos González Cruchaga, y la profunda relación que establecí con él, aquello no dejó de despertar la sospecha de mis pares. Muy pronto me etiquetaron como democratacristiano y se empezó a murmurar que era hostil al régimen militar. Por mi parte, me complacía manifestar mis reservas ante el poder político, pero nunca expresaba la profunda decepción que me inspiraba sobre todo el poder judicial.

A pesar de esto, seguía siendo un simple peón en ese sistema absurdo. Mis intentos por afirmar otra manera de ser juez chocaban con la fuerza de inercia de la institución. Cuando mi voz era favorable a un pedido de *habeas corpus,* siempre terminaba diluida en una mayoría contraria a esa perspectiva. Me consolaba diciéndome que un día iba a disponer de prerrogativas suficientes para que mis decisiones tuvieran efecto.

Un juez de tribunal de apelaciones en una ciudad como Talca es un personaje inevitable, invitado a toda celebración y recepción. Decidí fundirme en el decorado y adopté posiciones que ni siquiera me agradaban. Evolucionaba, según el ritmo de las recepciones oficiales, en el universo superficial que había descrito en el siglo XIX Alberto Blest Gana.[29]

La hipocresía mundana es una segunda religión entre los chilenos de buena sociedad, y de esto es delicioso ejemplo una desventura ocurrida a mis abuelos a comienzos del siglo XX. Los dos debían ir a presentar sus condolencias a una persona a la que conocían y que acababa de perder a un pariente. A mi abuelo esa visita protocolar le parecía una obligación insoportable, pero finalmente accedió a cumplirla por temor a lo que la gente podría decir si él no respetaba las costumbres. Llegados a la casa, mis abuelos encontraron la puerta cerrada. Aliviado, mi abuelo sacó entonces una tarjeta y escribió deprisa en ella una fórmula de circunstancias. La deslizó bajo la puerta y dijo a mi abuela, maliciosamente: «¡Cumplimos!» Enseguida, con una sonrisa en el rostro, los dos se volvieron... y se encontraron cara a cara con los dueños de casa, que venían llegando.

La mentalidad completa de la burguesía chilena está resumida en esa metedura de pata. Ese día mi abuelo sólo había cometido el error de pensar en voz alta.

29. Influido por Stendhal y Balzac, a Alberto Blest Gana se le considera el creador de la novela moderna en Chile y gran novelista realista latinoamericano del siglo XIX.

Talca era, sin embargo, un remanso de paz y nuestra familia lo disfrutaba. Pasábamos mucho tiempo en el jardín de nuestra casa y gozábamos del medio ambiente natural. Nuestras dos hijas —Julia había nacido en 1975— disponían de un marco ideal para crecer. Saltaban de alegría cuando las llevábamos a largos paseos junto al río vecino. Otras veces la cordillera de los Andes, muy próxima, nos permitía variar el horizonte de la llanura que rodea Talca. Los años pasaban apaciblemente y todavía hoy, con Inés, Sandra y Julia, cultivamos el recuerdo de los amigos a los que visitábamos esos años y con quienes compartimos actividades deportivas, animadas discusiones y alegres excursiones por las fascinantes regiones del sur.

En Talca leía sin parar. Me inicié en diversos autores españoles, como Unamuno y Azorín. Releí por enésima vez mis obras favoritas, comenzando por *El filo de la navaja*, como también la obra del noruego Knut Hamsun, que me transportaba a parajes bucólicos poblados de seres sencillos. Thomas Mann es mi mejor recuerdo literario de esa época. Su universo coincidía con el mío. Sabía describir mejor que nadie el tiempo que se inmoviliza.

En la Corte de Apelaciones me acogió bajo su alero un magistrado muy valioso, Rolando Hurtado. Desde mi llegada a Talca me guió y me permitió aprovechar su experiencia. Lejos de Santiago, la presencia de la Corte Suprema se tornaba distante y eran muy cordiales las relaciones entre los jueces. A principios de la década de 1980 Chile atravesaba por una crisis económica de gran amplitud. La política ultraliberal vendida llaves en mano a los generales por los «Chicago boys», un grupo de jóvenes economistas formados en los Estados Unidos y partidarios de las tesis de Milton Friedman, había provocado una recesión, una caída del producto bruto interno y una explosión de la cantidad de desocupados. Los contenciosos económicos se multiplicaban en el palacio de justicia.

En el aspecto político, las cosas parecían estar normalizándose, por decirlo así. Una nueva Constitución se había promulgado en 1980. El control del poder por parte de los militares se ornaba de aires legalistas. Ya era evidente que el ejército no estaba en esto de manera provisoria. Una parte de la población, que antes había aceptado ese manejo y control del país, había asumido su dominación eterna.

Al cabo de tres años, en 1986, me correspondió la presidencia del tribunal de alzada de Talca.[30] Esto me significó numerosas invitaciones protocolares cada vez que ocurría alguna inauguración oficial en la ciudad. Junto con la flor y nata de la región, y a veces del Estado, me topé varias veces con el general Pinochet. Éste parecía una persona sencilla y complaciente, cálida con sus interlocutores.

Un día un desfile militar reunió a todos los personajes de Talca. Se inauguraba una estatua repelente, una victoria enfurecida, ofrecida generosamente por la ciudad de Santiago. Augusto Pinochet estaba allí y tuve la oportunidad de conocerle un poco más de cerca. Me situaron al lado del jefe del Estado, en la tribuna donde se encontraban

30. Esta función se confería cada dos años a uno de los miembros del tribunal.

112

todos los notables de la región. Comprobé que el hombre no era nada expansivo y que apenas escuchaba lo que se le decía. Al término del desfile, que me pareció interminable, el general Pinochet se apartó conmigo en la tribuna. Me preguntó si me había gustado la ceremonia y tuve que confesarle que me había parecido un tanto larga. Muy cordial, me ofreció una receta infalible para reponerse de un largo lapso de pie: un recipiente con agua caliente y dos o tres tazas de sal gruesa para un baño de pies de más o menos una hora. Los demás invitados nos observaban de lejos, llenos de curiosidad por saber el tenor de nuestra charla. Bajé de la tribuna y me devoraron las miradas ávidas. ¿Qué me había dicho el general? ¿Qué migajas de reconocimiento había conseguido yo? Aproveché la situación para envolverme en un misterioso «lo siento mucho, pero no puedo decir...».

Este intercambio –hablar de baños de pies con el amo del país– es representativo de las relaciones que tuve con el régimen durante todos esos años. No fui un acólito y tampoco un activo opositor. Trabajé, amé, contemplé crecer a mis hijas, admiré paisajes grandiosos... Admito que durante diecisiete años me mantuve al margen de lo ocurrido. Por otra parte, sólo mucho más tarde dispuse de recursos suficientes para actuar con eficacia ante los crímenes de la dictadura.

15. EL CASO LETELIER

Talca fue la vía regia que me condujo a la Corte de Apelaciones de Santiago, donde se me designó en 1989, lo que me produjo una gran satisfacción. Iniciaba la recta final de mi carrera e intuía que sería la más delicada.

Poco después me correspondió ser, por un año, miembro de la Corte Marcial: tribunal de alzada de jurisdicción militar. Regularmente debía integrar ese tribunal junto a tres jueces militares (uno del ejército de tierra, uno de la aviación y uno del cuerpo de carabineros de Chile)[31] y otro juez civil también del mismo tribunal de apelaciones. En este cargo iba a corroborar cada vez más el rostro oscuro de la dictadura. La política del terror. Los asesinatos. La tortura. Ahora no me cabía la menor duda de que nos habían engañado. Una parte de las fuerzas armadas y de orden había perdido su dignidad y me había resistido absurdamente a admitirlo. En gran parte por las mentiras que había leído en los periódicos, manipuladas y manipuladoras a la vez, y también escuchado en la radio y la tele-

31. Un tribunal naval existe en Valparaíso, con tres jueces militares provenientes de la marina.

visión. Por fin se esfumaba definitivamente el velo que me había cubierto la vista.

La gran mayoría de los pleitos que nos ocupaban en el tribunal militar concernían a crímenes cometidos por los uniformados o contra ellos. Por primera vez en mi vida adquiría un sentido concreto la expresión «derechos del hombre». Comencé a leer obras sobre el tema y a publicar artículos en revistas jurídicas. Estaba retornando al mundo de los humillados y ofendidos. ¿Qué había sucedido realmente durante esos diecisiete años? Quería saberlo todo. ¿Qué papel debía desempeñar ahora la justicia? Trataba de comprender y deseaba actuar.

Un día nos correspondió conocer la causa «de los pasaportes». Descubrí que estaba en el nudo mismo del asesinato de Orlando Letelier. Ex ministro de Relaciones Exteriores de Salvador Allende, obligado al exilio en 1974, Orlando Letelier se había convertido, en el extranjero, en personaje clave de la oposición al régimen militar. Encontró la muerte en 1976, en trágicas circunstancias. Su vehículo explotó, y murió casi instantáneamente. El atentado ocurrió en Washington, no lejos de la Casa Blanca. Ronnie Moffit, norteamericana, también se hallaba en el coche en el momento de la explosión.

Este asesinato enfrió bruscamente las relaciones, hasta entonces florecientes, entre los gobiernos norteamericano y chileno. Un acto terrorista había provocado dos víctimas en plena capital federal, una de ellas norteamericana, y esto Washington jamás lo perdonaría a su protegido. La investigación realizada en los Estados Unidos llegó hasta varios agentes chilenos de los cuales se sospechaba que actuaban a las órdenes del entonces coronel Manuel Contre-

115

ras, jefe de la DINA.[32] El grupo había viajado desde Uruguay con pasaportes chilenos falsos y reclutado un comando de opositores cubanos para realizar el atentado.

Los magistrados provenientes de las fuerzas armadas y de orden eran partidarios de cerrar el caso. El pretexto era que se habían agotado todas las diligencias del proceso. Así, además, se podrían liberar de una causa que conocían demasiado bien. Pero el ministro Carlos Cerda Fernández, que presidía el tribunal militar, y era magistrado proveniente del tribunal de apelaciones, y yo necesitábamos estudiar en profundidad este caso.[33] Luego de la deliberación, los jueces castrenses se pronunciaron en favor del cierre definitivo del proceso. Sólo Carlos Cerda y yo planteamos que había que efectuar numerosas diligencias. El presidente me propuso que leyéramos juntos todos los tomos que conformaban el expediente de instrucción antes de decidir qué investigaciones proponer. Elaboramos enseguida una lista de al menos setenta diligencias. Además estuvimos por procesar y poner a Manuel Contreras y otros agentes estatales en prisión preventiva.

Como siempre ocurría en la corte marcial, quedamos

32. El episodio Letelier desacreditó a la policía política de Pinochet, que fue disuelta en agosto de 1977.

33. Carlos Cerda no estaba ensayando nada. Encargado de una investigación por la desaparición de un grupo de dirigentes comunistas, había decretado, en 1985, la inculpación de una cuarentena de miembros del «comando conjunto» (un servicio de represión política compuesto por miembros de los servicios de inteligencia militar, principalmente de la fuerza áerea de Chile, FACH), entre los cuales estaba Gustavo Leigh, comandante en jefe de la FACH y uno de los cuatro miembros de la junta que se había hecho con el poder en 1973. Ante su negativa a cerrar el caso —a lo que le incitaba el Tribunal Supremo apoyándose en la ley de amnistía—, Carlos Cerda había sido suspendido dos meses del poder judicial.

en minoría en el momento de la votación –tres contra dos– y el tribunal castrense decidió sobreseer definitivamente la causa. Pero los abogados de los familiares de las víctimas recurrieron de queja ante la Corte Suprema, que junto con acogerla y dejar sin efecto dicho sobreseimiento dispuso que continuara la instrucción de este proceso, esta vez por un ministro de ese alto tribunal, Adolfo Bañados Cuadra, quien acababa de ser nombrado miembro del mismo. El juez Adolfo Bañados utilizó muchas de las diligencias que Carlos Cerda y yo habíamos propuesto. Nuestro trabajo no había sido en vano.

Al final de la sustanciación de ese juicio, el juez Adolfo Bañados condenó a Manuel Contreras y al segundo hombre de la DINA, el brigadier Pedro Espinoza Bravo, a siete y seis años de presidio respectivamente como autores intelectuales del asesinato de Orlando Letelier y Ronnie Moffit, sentencia que confirmó la Corte Suprema. Los dos cumplieron su condena en Punta Peuco, a unos cincuenta kilómetros al norte de Santiago, en una prisión especialmente acondicionada para sentenciados provenientes de las fuerzas armadas y de orden y donde se los dejó bajo la vigilancia de sus pares. Este estatus privilegiado había sido negociado, bajo presión de los cuarteles, en un contexto en que los principales responsables del ejército hacían saber públicamente que los militares estaban indignados por el encarcelamiento de Manuel Contreras, a quien nunca abandonarían.[34]

34. El 15 de junio de 1995, el mismo general Pinochet criticó abiertamente la condena de Manuel Contreras y Pedro Espinoza al término de un proceso que calificó de «injusto».

Viejos fantasmas volvieron a acechar a Chile. La tensión que producía esa doble condena hacía temer lo peor. Manuel Contreras no cesaba de desafiar a la justicia y en un primer momento se resistió a cumplir las órdenes que impartía el tribunal. La población acababa de salir de diecisiete años de dictadura y se estaba corriendo el riesgo de despertar la cólera de los soldados. Pero finalmente prevalecieron la justicia y la cordura.

16. TRANSICIÓN

Ya hacía algunos años que el país estaba cambiando. En octubre de 1988, conforme a las disposiciones de la Constitución de 1980, Augusto Pinochet había invitado a los chilenos a elegir, en plebiscito, entre el mantenimiento en funciones de los militares y la devolución del poder a los civiles. El voto le había resultado desfavorable, pero, para sorpresa general, había reconocido su derrota y aceptado dejar su cargo.

Esta decisión tuvo un precio que mis compatriotas no siempre han conocido verdaderamente. Pienso sobre todo en las negociaciones que se desarrollaron entre bambalinas. Los miembros de las fuerzas armadas y de orden abandonaban el poder, pero exigían garantías, entre ellas, la impunidad.

En este contexto se elaboró un estatus a la medida del ex jefe del Estado. Augusto Pinochet conservó la función de comandante en jefe del ejército hasta 1998. Se convertiría en senador vitalicio ese mismo año, lo que tendría la apreciable ventaja de conferirle una inmunidad parlamentaria que haría difícil la perspectiva de acciones judiciales en su contra. Desde lo alto de sus prestigiosas funciones,

Pinochet podría velar por que nadie amenazara a «sus» soldados. Acababa de establecerse un pacto oficioso de no agresión entre el ejército y las futuras autoridades, sin que la población ni sus representantes (porque todavía no existían) lo hubieran aprobado. El candidato de la Concertación,[35] el democratacristiano Patricio Aylwin, fue elegido presidente de la República el 14 de diciembre de 1989.

Un hecho imprevisto puso en aprietos ese acuerdo. La justicia chilena, a pesar de todos sus defectos, a veces se muestra ferozmente independiente. Desde principios de la década de 1990 ha dado algunos arañazos a ese pacto y provocado vivas tensiones entre el poder ejecutivo y el ejército. El asunto más emblemático en este sentido fue el de los «pinocheques», en el cual se citaba el nombre del hijo mayor del general Pinochet. Era sospechoso de haber cobrado una comisión de varios millones de dólares en el marco de la compra que hicieron las fuerzas armadas de una fábrica de armamentos. En el curso de la instrucción, los militares nunca dejaron de presionar. Temían que el trabajo de los jueces terminara empañando la reputación de su comandante en jefe.

Los límites se franquearon cuando el Consejo de Defensa del Estado (CDE) decidió hacerse parte en el juicio. El 28 de mayo de 1993 varias decenas de boinas negras manifestaron públicamente su descontento ante el edificio de las fuerzas armadas, en Santiago, que está frente al palacio de la Moneda. Enviaron un mensaje que no podía ser más claro al gobierno: «Cierren inmediatamente el

---

35. Concertación: alianza de partidos que habían estado en favor del «no» a Pinochet en el plebiscito.

proceso de los pinocheques; terminen con la persecución judicial contra los militares. En caso contrario...»

Las advertencias fueron escuchadas. Algún tiempo después de este ruido de botas, el asunto de los pinocheques se cerró oportunamente. El presidente de la República, Eduardo Frei Ruiz-Tagle, pidió al Consejo de Defensa del Estado que no siguiera adelante en esta causa «por razones de Estado», y el presidente de este Consejo, Luis Bates, solicitó el archivo del expediente. Las fuerzas armadas se calmaron un momento.

Patricio Aylwin, durante su mandato, fue particularmente duro con el poder judicial chileno. Denunció en diversas ocasiones su pasividad durante la dictadura. «... en general, hubo falta de coraje moral de parte de miembros del sistema judicial, en unos más que en otros. Hubo excepciones que salvaron un poco el prestigio y buen nombre, pero no lograron imponerse.»[36]

¿Quién puede negarlo? El poder judicial chileno tiene razones para ruborizarse por su actitud durante esos diecisiete años: ciego y sordo a las quejas de los familiares de desaparecidos y muertos; atento y obsecuente ante el menor suboficial que tuviera problemas con la justicia. Decenas de magistrados traicionaron su misión por pusilanimidad, ambición o prejuicios. Apartaron la vista ante pruebas y testimonios. Condenaron desvergonzadamente a inocentes y dejaron libres a los culpables. A imagen de esos tres magistrados desdeñosos que me enseñaron las facilidades del formulario Javert, el poder judicial protegió a los malhechores y vapuleó a las víctimas.

36. Entrevista en el periódico *El Mercurio*, 10 de marzo de 1991.

121

Otro pilar de la sociedad chilena, la Iglesia católica, mostró que un camino distinto era posible. Durante el régimen militar el episcopado se situó del lado de las víctimas.[37] Encabezado por el cardenal arzobispo de Santiago, Raúl Silva Henríquez, demostró un valor inmenso. Con la ayuda de religiosos y de abogados, el cardenal creó el Comité por la Paz, organismo destinado a la protección de las víctimas de la represión política. Su iniciativa encolerizó a la junta, que decretó su clausura. Raúl Silva Henríquez lo recreó de inmediato con el nombre de Vicaría de la Solidaridad.

La justicia habría podido cumplir con su papel. Decir que no todo está permitido. Afirmar que las leyes también rigen para los soldados. Habría podido. Habría debido. Pero ya había pasado la época del condicional. ¿No podíamos imaginar por fin un presente para la justicia?

37. El 13 de septiembre de 1973 el comité permanente del episcopado chileno publicó un comunicado por el cual pedía a los golpistas que demostraran moderación y deseaba «que no haya innecesarias represalias [...] que se tome en cuenta el sincero idealismo que inspiró a muchos de los que hoy han sido derrotados».

Tercera parte

En lo más hondo de la noche

17. PASA LA CARAVANA

A los doce hombres se les había dado un apodo sarcástico: la caravana del buen humor. Nada tenían, sin embargo, de payasos en gira. Los doce soldados efectuaron un periplo que les llevó, a bordo de un helicóptero del ejército, de sur a norte de Chile. En el curso de esa gira demente no provocaban risas, sino gritos de espanto. De Curicó a Valdivia y de La Serena a Antofagasta, esta docena del buen humor dejó a su paso por lo menos setenta y cinco cadáveres. Los chilenos les dieron entonces un apodo más realista, el que figura en las carpetas de los expedientes: la Caravana de la Muerte.

Todo había comenzado con una orden que Augusto Pinochet dio al general Sergio Arellano Stark pocos días después del 11 de septiembre de 1973: acelerar los procesos de la justicia militar en diversas ciudades de Chile. La justicia militar debía pronunciarse en el menor tiempo posible en los casos de detenidos a los que se consideraba subversivos, y se encargó especialmente a ese oficial que velara por que los procedimientos se efectuaran de manera expedita. Delegado personal del general Pinochet, Arellano Stark encabezó un comando que salió de Santiago a bordo de un helicóptero Puma el 30 de septiembre de 1973.

Esta misión requería hombres decididos, capaces de obligar a los comandantes estimados inoperantes a actuar con mayor celo. Esto explica la presencia, al mando, del que algunos compañeros de armas apodaban «el Lobo». La misión que se les había asignado no apuntaba tanto a aterrorizar a los movimientos de izquierda como a enviar un mensaje claro a los oficiales que vacilaran en cumplir las órdenes provenientes de Santiago. Los cuarteles habían apoyado el golpe, lo que no quiere decir que se hubieran consagrado espontáneamente a reprimir a civiles por razones ideológicas. La Caravana de la Muerte debía convencerles de esta «necesidad».

La primera etapa les condujo a Curicó, a unos doscientos kilómetros al sur de la capital. Allí el comando se contentó con observar. O casi. En el cuartel principal de Curicó estaban presos dos miembros del GAP (el grupo de amigos del presidente, la guardia personal de Salvador Allende). Después del paso de la caravana, estos detenidos fueron transferidos a Santiago, donde enseguida los ejecutaron.

Luego de un rodeo por Talca, donde fue destituido el comandante del regimiento, del cual se sospechaba que había ayudado al intendente de Talca a huir a Argentina el día del golpe de Estado, el pequeño grupo se dirigió a Linares, unas decenas de kilómetros más al sur. En esta ciudad pasó la mayor parte de la jornada en el regimiento. Entre los prisioneros políticos detenidos por los militares

126

había cuatro jóvenes acusados de haber atacado a carabineros en San Javier, un pueblo cercano. En una fecha que coincide con el paso de la caravana, los cuatro fueron abatidos en una zona militar reservada para el entrenamiento. La versión oficial de la época afirma que habían intentado huir.

Posteriormente los soldados hicieron escala en Concepción, a quinientos kilómetros al sur de Santiago. Situada muy cerca de la costa del Pacífico, en la desembocadura del río Bío-Bío, Concepción ya era entonces una ciudad de primera importancia. Contaba con una prestigiosa universidad y en ella se concentraban grandes empresas siderúrgicas y también una fuerte actividad minera en torno del carbón. Los sindicatos y los partidos de izquierda tenían allí una fuerza considerable. Era una ciudad emblemática por su apoyo a la Unidad Popular. El comandante podía dar un ejemplo.

El general Washington Carrasco, a cargo de las fuerzas armadas del lugar, no veía así las cosas. De mayor antigüedad que Arellano Stark, no aceptó que su interlocutor fuera a revisar el conjunto de los procesos realizados bajo su mando por la justicia militar de Concepción. Sin perder tiempo con el certificado de misión oficial que le exhibió Arellano Stark, despidió sin más trámites al enviado especial de Pinochet.

Después de Concepción, el comando volvió a subir a su helicóptero y enfiló hacia el sur, hasta Valdivia. El general de la región acogió fríamente a Sergio Arellano Stark. Le explicó que allí se habían efectuado los procedimientos judiciales según las normas y que no comprendía en virtud de qué principio se venía a controlar su trabajo.

¿Acaso no tenía pleno control sobre su jurisdicción y su grado no era mayor que el de militar llegado de Santiago? En suma, puso obstáculos. Sin embargo, durante una conversación telefónica, Pinochet confirmó el mandato del jefe del comando y éste asistió, con los demás miembros del grupo, a la ejecución de un personaje famoso, del cual ya he hablado: el comandante Pepe, a quien se acusaba de haber organizado un atentado contra un cuartel de carabineros y que había sido condenado a muerte, junto con once de sus camaradas, por un supuesto consejo de guerra.

Antes de retomar la ruta hacia Santiago y proseguir hacia el norte del país, el comando voló hacia el norte, hasta la ciudad de Cauquenes, adonde llegó la mañana del 4 de octubre de 1973. Allí había cuatro jóvenes acusados de extremistas, detenidos en el cuartel de la policía. Se los sacó de su celda y se los condujo a una propiedad agrícola. La operación se realizó oficialmente como si se pretendiera reconstruir los hechos de que se les culpaba. En ese lugar, según la versión oficial de la época, uno de los cuatro hombres se apoderó de un «corvo»[38] de uno de los militares del grupo y agredió a un soldado. Se dijo que los prisioneros habrían conseguido huir, por lo que los miembros de la caravana debieron abatirlos al término de una breve persecución.

Luego de Cauquenes y después de volver a las ciudades de Valdivia y Temuco por un breve lapso, la Caravana de la Muerte regresó a Santiago para una escala de algunos días. Pero el 16 de octubre ya estaba en la ciudad costera de La Serena, quinientos kilómetros al norte. Provisto de su nombramiento de delegado, Arellano Stark se dirigió

38. Gran cuchillo de hoja curva que utilizan los soldados.

como de costumbre al regimiento local y exigió al teniente coronel Ariosto Lapostol, a cargo de la unidad, el total de los expedientes de prisioneros políticos. Su interlocutor obedeció y le presentó los expedientes cuya instrucción estaba en curso. Pero el general también quería los procesos ya juzgados por el consejo de guerra. Una vez que tuvo a su disposición todos los nombres de los prisioneros, marcó varios, que fueron traídos de inmediato desde la cárcel al regimiento.

Mientras sus principales oficiales se hacían cargo de los prisioneros, se improvisó una farsa disfrazada de «consejo de guerra» para juzgar o volver a juzgar a estos detenidos. El teniente coronel Lapostol, muy molesto, insistió en el carácter definitivo de los juicios ya realizados por la justicia militar. Al cabo de algunos tensos minutos, varias ráfagas de metralleta rasgaron el aire. Estupefacto, el teniente coronel envió a un capitán a indagar la situación. Éste informó a su superior que todos los detenidos extraídos de sus celdas habían sido fusilados sumariamente. Entre ellos había hombres ya juzgados por consejos de guerra y sólo condenados a penas de cárcel.

Desde ese momento, el teniente coronel Lapostol sólo tuvo una idea fija: obtener un descargo de parte del jefe del comando, un documento escrito que justificara lo que acababa de producirse y que comprometía su responsabilidad de oficial. Pero el general, que ya se encaminaba al aeropuerto, le respondió que ya vería eso más tarde. Hasta el último segundo, mientras el jefe de la Caravana de la Muerte se aprestaba a ingresar en el helicóptero, con la espalda inclinada bajo las hélices que rotaban, Lapostol reiteró su pedido, obligado a gritar para que le escucharan. Uno de los comandos le prometió que le enviarían el documento deseado apenas llegaran a Santiago. Y despegaron los hombres del buen humor, dejándole solo, con ese cuadro macabro.

Ahora iban hacia Copiapó, a mil kilómetros al norte de Santiago, en pleno desierto de Atacama. En este caso hicieron historia las condiciones de la llegada del grupo helitransportado a la pista de deportes del regimiento local al atardecer de ese mismo día. En efecto, Armando Fernández Larios, vistiendo traje de combate, salió del helicóptero y adoptó una postura digna de Rambo: en posición de ataque, con el dedo en el gatillo de su fusil ametralladora y la mirada, maligna, al acecho de cualquier guerrillero emboscado... La guarnición de Copiapó, confundida, se cuidó de reaccionar antes de saber con quién se las estaba viendo. Pero veían muy bien que el helicóptero Puma llevaba las insignias del ejército de tierra. Y se había anunciado el paso del comando.

Una vez tranquilizado el ambiente y hechas las presentaciones, Arellano Stark fue llevado donde el coronel Oscar Haag Blaschke, que estaba al mando del regimiento de Copiapó. Atento a mantener la ficción guerrera, comenzó por exigir que este último vistiera uniforme de combate. Después, como de costumbre, ordenó que le trajeran la lista de prisioneros políticos y en ella marcó algunos nombres. Esa misma tarde se transfirió a trece hombres por tierra, de Copiapó hacia La Serena. Al cabo de una veintena de kilómetros, después de desviarse del camino y avanzar hacia el este, hacia la cordillera, el camión que los transportaba se detuvo, arguyendo un inconveniente mecánico. La versión oficial, que los medios difundieron al día siguiente, afirma que los prisioneros habían aprovechado el problema para escapar y que la escolta no había tenido otra opción que abatirlos. Otros tres detenidos, provenientes del pueblo minero de El Salvador, también fueron fusilados al paso de la caravana. Nunca se han podido recuperar sus cuerpos.

Después de Copiapó, el grupo continuó hacia el norte y se detuvo en la ciudad costera de Antofagasta, sede de la primera división del ejército. Allí, el 18 de octubre de 1973, Arellano Stark fue recibido por un militar de la vieja escuela, el general Joaquín Lagos Osorio, comandante de la región militar del Norte. Era un oficial tradicionalista que cada día trabajaba por establecer el orden. Arellano Stark le pidió que reuniera a sus hombres, porque deseaba dirigirles la palabra. Y profirió, ante la guarnición, una inflamada arenga acerca de la filosofía del nuevo régimen; insistió en el respeto de los valores militares y en el cuidado de los prisioneros. En cada etapa de su recorrido, el líder de la Caravana de la Muerte pronunciaba este tipo de discurso. Había que marcar los espíritus con buenos principios.

Al anochecer, mientras Arellano Stark era invitado a cenar y pasar la noche en casa del general Lagos Osorio y de su esposa, el comando se presentó en la prisión de Antofagasta. Sus hombres se apoderaron de catorce prisioneros, que llevaron en camiones hasta la quebrada del Way, al sur de la ciudad. Allí fusilaron a todos. Después abandonaron los cuerpos en los pasillos de la morgue local.

Al día siguiente el helicóptero Puma despegó en dirección a Calama, un oasis de verdor, perdido en el corazón de la inmensidad árida de Atacama, a doscientos quince kiló-

131

metros al este. La topografía de los alrededores es accidentada y rocosa. Aquí y allá hay quebradas milenarias, cañones que antaño se llenaban del agua fría de la nieve. A algunos kilómetros está Chuquicamata, donde se encuentra la mina de cobre a cielo abierto más grande del mundo. La región es uno de los pulmones económicos de Chile, pues el cobre es el principal recurso de exportación del país.

El coronel Eugenio Rivera Desgroux, comandante del decimoquinto regimiento de infantería de Calama, que ya sabía de la inminente llegada de una delegación militar encargada de verificar los consejos de guerra, había pedido que la guarnición vistiera uniforme de gala y recibió a la comitiva del general Arellano con la banda de músicos del cuartel. Pero desgraciadamente sólo consiguió duros reproches del enviado especial de Pinochet, que no deseaba desfiles ni himnos militares, pues había venido, él y sus hombres, en traje de combate, a controlar las actuaciones de los sediciosos de la guerrilla marxista. El coronel Rivera Desgroux ocultó su sorpresa. En esa región minera, con sindicatos muy fuertes, no había ni la sombra de un guerrillero desde el golpe de Estado. Todo estaba en calma. La producción de cobre proseguía a ritmo normal.

¡Qué importaba! Arellano Stark exhibió un documento firmado personalmente por el general Pinochet, donde se le nombraba «delegado del comandante en jefe» y se le confería autoridad sobre todos los oficiales, incluso sobre los de rango superior; solicitó su listado habitual. Anunció la reapertura de todos los consejos de guerra y poco después del almuerzo ordenó que se le condujera en jeep a la mina de Chuquicamata. Por razones de confidencialidad, el mismo Rivera Desgroux condujo el vehículo.

En esos momentos, en Calama, militares y carabineros se preparaban para los consejos de guerra convocados por Arellano Stark. Aprovechando la agitación general, Marcelo Morén Brito, Sergio Arredondo González y Armando Fernández Larios se presentaron en la cárcel y se llevaron consigo a veintiséis detenidos. Los embarcaron en dos camiones y los condujeron a Topater, una colina distante de Calama, un lugar famoso pues allí se desarrollaron los primeros combates de la Guerra del Pacífico contra Perú y Bolivia. Fusilaron a los veintiséis hombres. Y escondieron los cuerpos en una fosa clandestina que cavaron con ese fin.

En Antofagasta, el general Lagos Osorio acababa de recibir la información de que una quincena de mujeres desconsoladas reclamaban los restos de un padre, de un hijo o de un esposo. Durante el paso de la caravana se había efectuado en la ciudad una matanza singularmente bárbara. Los soldados primero habían disparado a las rodillas de los prisioneros, después a los genitales y finalmente al corazón, según el relato del general Lagos Osorio, que retransmitieron los medios. Los prisioneros, además, fueron cortados con corvos, con una saña demencial. Estupefacto, el general exigió que se le rindiera cuentas. La caravana regresó desde Calama a Antofagasta esa misma noche del viernes 19 de octubre, después de haber sido homenajeada con una cena en el regimiento que comandaba el coronel Rivera Desgroux.

Ese mismo sábado 20, el general Pinochet aterrizaba en el aeropuerto de Cerro Moreno, a no muchos kilómetros de allí, proveniente del norte del país. Pocas horas más tarde, se reunieron los generales Arellano, Lagos y Pinochet. Lagos Osorio sólo necesitaba entrevistarse con el jefe de la junta para denunciarle la masacre que acababa de ocurrir. Pero Augusto Pinochet no tenía tiempo para concederle un aparte.

El general Lagos insistió en que en la juridicción suya el grupo que estaba al mando del general Arellano Stark había hecho ejecutar a numerosos prisioneros que estaban bajo su responsabilidad. Entonces el general Pinochet no tuvo otra alternativa que aceptar la discusión y tomar nota de estas recriminaciones. Antes de despedirse, le pidió que le enviara un informe escrito sobre el incidente. Pero el oficial a cargo de la primera región militar no quedó satisfecho con esta coartada. Pocos días después redactó el memorando N.º 1885, en el cual realiza una cuenta macabra: diez ejecuciones se realizaron cumpliendo decisiones de los consejos de guerra, pero el resto habían sido efectuadas por el comando al margen de todo marco legal. Ciudad por ciudad (Copiapó, Antofagasta, Calama), el general Lagos Osorio describía las ejecuciones extrajudiciales y nombraba a cada una de las víctimas.

La respuesta de Augusto Pinochet no se hizo esperar. Convocó al oficial rebelde a Santiago y le ordenó redactar un nuevo memorando con una lista única, sin que apareciera su nombre ni el de Arellano Stark. Pero el jefe de la junta cometió un grave error: escribió algunas observaciones y marcó algunas partes del documento, que devolvió al general Lagos Osorio. Éste lo guardó en una caja de caudales. Muchos años después lo sacaría de allí para entregármelo.

En las semanas que siguieron a estos sucesos, el coronel Rivera Desgroux y el general Lagos Osorio fueron pasados a retiro. Sergio Arellano Stark y los oficiales de su comando fueron promovidos a grados superiores. Sus carreras militares no terminaron al final de la larga marcha de la Caravana de la Muerte; por el contrario. Sin perder el buen humor, fueron ascendidos varias veces durante toda la dictadura. Sergio Arellano Stark fue destinado a altas funciones.[39] Pedro Espinoza Bravo, Carlos López Tapia, Marcelo Morén Brito y Armando Fernández Larios se unieron a la DINA. Los tres primeros fueron destinados sucesivamente al comando de Villa Grimaldi, un centro de tortura por donde pasaron cuatro mil chilenos. Sergio Arredondo fue nombrado comandante de la escuela de caballería.

A pesar del retorno de la democracia, cada uno estaba seguro de haber obtenido la impunidad. El sistema había quedado absolutamente ordenado por los militares antes de entregar el poder a los civiles. Ley de amnistía, acuerdos oficiosos con los partidos de la Concertación: todo estaba previsto para que jamás se les molestara. Pero cuanto se había previsto en 1990 no tardaría en hacerse añicos. Veinticinco años después del golpe de Estado, un nuevo año símbolo iba a marcar la historia de Chile.

39. Le ascendieron a general de división en diciembre de 1973 y le nombraron comandante de la segunda división del ejército de tierra, la más importante del país, cuya sede está en Santiago. En 1975 fue nombrado jefe del estado mayor de la defensa nacional; un año más tarde pasó a retiro.

18. SECUESTRO PERMANENTE

Mi vida se alteraría radicalmente en los primeros días del año 1998. El 12 de enero, actuando en nombre del partido comunista chileno, del cual era secretaria general, Gladys Marín Millie presentó una querella en la Corte de Apelaciones de Santiago contra «todos los autores y cómplices» del secuestro de calle Conferencia, Santiago, y del asesinato de los miembros de la dirección clandestina del partido comunista en 1976. La querella incluía a su marido, Jorge Muñoz. Se nombraba personalmente a un solo hombre: el general Augusto Pinochet Ugarte.

Me correspondió examinar esa querella. Uno de mis colegas, hoy miembro de la Corte Suprema, se indignó porque se hiciera perder el tiempo de esa manera a un magistrado de la Corte de Apelaciones. Otros colegas me preguntaron si iba a declarar improcedente la acción o iba a derivarla a la justicia militar –lo que significaba, en la práctica, sobreseerla–. En los pasillos del palacio de justicia, el humor propendía a la ironía o a la connivencia. Entre los jueces, todavía en esa época, la represión política orquestada por la junta militar no gozaba de derecho de ciudadanía: las repercusiones que podría suscitar el procesamiento de oficiales superiores paralizaban de terror a una parte de la magistratura. Y más de uno de los miembros de la Corte de Apelaciones, desengañado y dócil, creía que este tipo de querella sólo podía terminar en el cesto de los papeles.

Yo no veía las cosas de ese modo, pero prefería evitar los comentarios. Necesitaba estar tranquilo para analizar jurídicamente la querella de Gladys Marín Millie y formular las calificaciones jurídicas adecuadas. No debía mostrar mi movida antes de tiempo.

Me encontraba ante un problema delicado: el decreto-ley 2191, promulgado el 18 de abril de 1978 por los militares, que amnistiaba todos estos crímenes cometidos en Chile entre el 11 de septiembre de 1973 y el 10 de marzo de 1978. En otras palabras, si algún elemento de un sumario judicial tendía a demostrar que un prisionero político había sido torturado o ejecutado durante ese lapso, había que aplicar la amnistía en beneficio de los verdugos.[40]

La amnistía forma parte del turbio legado que dejaron en Chile los generales, que perdonaron los crímenes que

40. El decreto-ley de amnistía que dictó la junta militar establecía que determinados delitos y crímenes cometidos durante el período del caso serían amnistiados, aunque enumeraba algunas excepciones: robo, robo con violencia, delitos sexuales, infanticidios, tráfico de drogas, infracciones a la ley de impuestos, etc. Sin embargo, los autores del texto omitieron algunos campos en su enumeración, entre ellos las infracciones a la ley del tránsito. En las semanas posteriores a la promulgación de dicha amnistía, presa de este absurdo, debí sobreseer y ordenar el archivo de alrededor de setecientas causas relacionadas con este tipo de infracciones.

ellos mismos habían ordenado cometer. Con el decreto-ley 2191 habían suscrito una póliza de seguros contra todo riesgo. Mediante ese simple texto, los generales se aseguraban que la justicia jamás volvería atrás ni se ocuparía de sus crímenes. Esos cinco años ya no existían para los magistrados. Se habían borrado los delitos cometidos durante ese lapso. Lobotomizada, nuestra memoria colectiva había quedado artificialmente disminuida de ese traumatismo.

Durante largo tiempo se demostró la eficacia del dispositivo. Apenas se presentaba a los tribunales una querella por violación de los derechos humanos, era de inmediato transferida a la jurisdicción militar, que sistemáticamente la calificaba como improcedente. Hubo que esperar hasta 1986 para que una primera grieta cuarteara el edificio. Ana González Barraza, a cuyo hijo –menor de edad en la época de los hechos– habían declarado desaparecido desde octubre de 1973, cogió a los militares en su propio juego. Sus abogados aprovecharon que el secuestro de un menor estaba excluido expresamente del decreto-ley 2191 y presentaron una querella por secuestro: hicieron valer que éste continuaba produciendo efectos, porque el hijo jamás había sido hallado. En Calama, donde se presentó la querella, un juez aceptó instruir un sumario, a pesar de la reticencia de la justicia militar. Solo después de innumerables apelaciones y recursos, la Corte Suprema –aún proclive en gran medida a los generales– hizo de cortafuegos: envió el asunto a un tribunal militar, que lo sobreseyó.

Desde el retorno de la democracia, en 1990, se enfrentaban dos concepciones. Unos defendían una inter-

138

pretación estricta de la amnistía y apoyaban el abandono de toda acción judicial contra los militares. Otros consideraban que no sería posible hacer justicia a las víctimas de la dictadura si se respetaba la prohibición de ocuparse de los cinco años durante los cuales fue más feroz la represión política. El presidente de la República, Patricio Aylwin, intentó conciliar las dos opciones, afirmando que era posible presentar acciones judiciales independientemente de la ley de amnistía. Estimaba que nada impedía que los magistrados aclararan los casos de homicidio y otros delitos, y establecieran las responsabilidades de cada uno, aunque los procesos dieran lugar finalmente a la aplicación de la amnistía. El decreto-ley 2191 no impedía que se identificara con su nombre a los autores.

Ante la querella presentada por Gladys Marín, necesitaba estudiar la manera de interpretar toda la normativa en juego a la luz de la doctrina penal. Debí responderme la siguiente pregunta: ¿qué infracción penal podía aplicar si no se podían localizar los cadáveres de las víctimas? En ausencia de cuerpos en el caso de los desaparecidos, parecía excluida la calificación de homicidio. Un día esas personas habían sido privadas ilegítimamente de su libertad, a menudo ante testigos, antes de ser llevadas a un lugar desconocido. En el derecho chileno, esta figura penal se denomina secuestro. Ahora bien, este crimen continuaba produciendo efectos, porque era imposible probar jurídicamente que esas personas estaban muertas o saber sin sombra de duda, en caso que hubieran muerto, si la muerte se había producido en el lapso que cubría el decreto-ley de amnistía. Los desaparecidos eran víctimas, entonces, de un *secuestro permanente* que proseguía hasta la

139

actualidad. Y por esta razón este delito, en las condiciones señaladas, no cabía en la ley de amnistía. El 20 de enero de 1998, fundado en esta interpretación, declaré admisible la querella de Gladys Marín Millie y le di curso.

Mi decisión desencadenó un diluvio de comentarios. Por primera vez en Chile una acción pública que apuntaba al general Pinochet iba a ser admitida a tramitación. A pesar de la conciencia democrática del país, el uso indebido de las fuerzas armadas había marcado varias etapas de su historia e incitado a éstas a tomar partido en situaciones de política contingente. Por ello cualquier acto judicial, político o de otro tipo contra el ejército o sus generales se podía considerar una posible perturbación de la paz civil. Por consiguiente, muchos creían, incluso buena parte de mis colegas y de la opinión pública, que admitir a tramitación la querella de Gladys Marín contra el general Pinochet implicaba un riesgo serio de perturbación de la paz social.

Mi vida cotidiana se alteraría profundamente. Iniciador del «affaire Pinochet», me consagraría desde este momento exclusivamente a los expedientes de violaciones a los derechos humanos cometidas durante el régimen militar. Revivía la fractura. Chile volvía a sumergirse en su pasado inconfesable. Y a veces se reaccionaba de manera terrible contra mí. La prensa supuestamente conservadora me tendría regularmente de blanco de sus ataques y gastaría enormes energías en tratar de aplastarme con su odio. Los partidarios y amigos del régimen militar llenaban columnas y columnas sin ninguna consideración por mis funciones, fotógrafos acechaban la menor de mis salidas a terreno, me espiaban hasta en el jardín de mi casa. Estaba expuesto a presiones y a amenazas, y a sanciones bajo cualquier pretexto.

El 22 de enero de 1998 se presentó una nueva querella contra Augusto Pinochet «y otros», por el asesinato de catorce personas en Antofagasta. El 25 de junio, la asociación de parientes de ejecutados políticos de Calama interpuso una querella por veintiséis homicidios calificados. Las víctimas habían caído bajo las balas del comando dirigido por Sergio Arellano Stark en octubre de 1973. Las familias de los desaparecidos no tardaron en penetrar por la brecha. La justicia era presa ahora de las actuaciones de la Caravana de la Muerte.

En las semanas posteriores, se multiplicaron las querellas contra Augusto Pinochet ante la Corte de Apelaciones de Santiago. El estatus particular del ex jefe del Estado, que se había convertido en senador vitalicio el 11 de marzo de 1998 y por ello gozaba de inmunidad parlamentaria, obligaba por ley a que sólo un magistrado de la Corte de Apelaciones se encargara de instruir esos casos. Me incumbía esa función.

Parecía que la disuasión del terror hubiera cesado de operar. En todo el país la sed de justicia avanzaba como un huracán y derribaba todo a su paso. El decreto-ley de amnistía, la connivencia de la alta magistratura y el temor a un nuevo golpe, los diques erigidos por la junta, ya no servían para contener nada. Ya no se podía volver atrás.

19. LAS TINIEBLAS

Al empezar mi investigación, como la mayoría de los chilenos, desconocía casi todo acerca de la Caravana de la Muerte. Fuera de los primeros testimonios y de algunos documentos reunidos por las familias de los desaparecidos, sólo contaba con un libro escrito unos diez años antes por la periodista chilena Patricia Verdugo. *Los zarpazos del puma*[41] ofrecía una detallada reconstrucción del periplo de Sergio Arellano Stark y de sus hombres en los primeros días del régimen militar. No creí ese relato en un primer momento: no podía imaginar que miembros de las fuerzas armadas chilenas se hubieran comportado como informaba la autora. No lograba aceptar la existencia de esas ejecuciones masivas, ilegales y a veces precedidas de actos de tortura y de barbarie. El ejército que mi familia respetaba no podía haber cometido eso... Se me anudaba un conflicto en las entrañas: lo que iba descubriendo se oponía radicalmente a lo que deseaba creer.

41. Ediciones Cesoc, Santiago, 1989.

Tenía que llegar a mis propias conclusiones. Me sumergí entonces en el sumario, en parte porque necesitaba tranquilizarme. Lo primero era encontrar los cuerpos. Ayudado por antropólogos, médicos forenses y funcionarios de la policía de investigaciones, seguí durante años el itinerario de los posibles asesinos y volví a recorrer cada etapa de su camino. Investigamos en primer lugar en las ciudades donde las víctimas eran más numerosas y más fuerte la sed de justicia –La Serena, Copiapó, Antofagasta, Calama...– y allí realizamos excavaciones profundas en busca de osamentas y fragmentos de tejido pertenecientes a desaparecidos. Sondeamos cada región en busca de cadáveres, el desierto del norte árido y rocoso, bajo un cielo de plomo. En el sur reconstruimos la ejecución de varias personas cuyos cuerpos se habían arrojado posteriormente en un lago o en un río.

Llegada la noche, en cada uno de esos lugares procuraba rendir cuenta del progreso de las excavaciones a los familiares de los desaparecidos. Me sentía en deuda, como representante de la justicia chilena, ante esas familias deshechas que hacía tanto que esperaban saber cómo habían muerto sus parientes. «Sólo pude ver a mi hijo ya en el ataúd, a través del vidrio», atestiguó Alicia Orrego, la madre de Eugenio Ruiz Tagle, una de las víctimas de Antofagasta. «De las torturas que sufrió en su cuerpo, no puedo dar testimonio directo. No lo vi, pero el abogado y el empleado de la funeraria lloraban al contármelo. De su cara, de su cuello, de su cabeza, sí puedo hablar. Lo tengo grabado a fuego para siempre. Le faltaba un ojo, el izquierdo. Tenía la nariz quebrada, con tajos, hinchada y separada abajo, hasta el fin de un ala. Tenía la mandíbula inferior quebrada en varias partes. La boca era una masa tumefacta, herida, no se veían dientes. Tenía un tajo largo, ancho, no muy profundo en el cuello. La oreja derecha hinchada, partida y semiarrancada del lóbulo hacia arriba. Tenía huellas de quemaduras o, tal vez, una bala superficial en la mejilla derecha, un surco profundo. Su frente, con pequeños tajos y moretones. Su cabeza estaba en un ángulo muy raro, creí por eso que tenía el cuello quebrado.»[42]

Recorrimos el país en todas las direcciones. De ciudad en ciudad reconstruimos el puzzle macabro. Todavía vivían testigos. Sólo esperaban una cosa desde siempre: que la justicia se interesara finalmente en sus palabras. Reuníamos los testimonios y calzábamos los relatos hasta que se desprendía una verdad. Pude interrogar a numerosos altos oficiales ya en retiro.

Con ellos se abría la segunda etapa, que consistía en identificar a los autores de esas atrocidades. Puestos ante mí, los miembros de la Caravana de la Muerte empezaban negando todo. Pero muy pronto, a medida que realizaba careos entre ellos y los principales testigos, algunos resolvieron reconocer los hechos. Rehicimos en conjunto las etapas del periplo que habían realizado un cuarto de siglo antes. Retornamos a cada lugar de masacres en busca de los restos de las víctimas. La memoria les volvía poco a poco. Se resignaban a hablar.

Por mi parte, verdaderamente no estaba preparado para lo que iba a escuchar. Día tras día recibía testimonios y a veces confesiones que me helaban la sangre. Esos hombres describían la rutina de la tortura, los cuerpos humillados, amputados, desencajados. Yo no era un novicio. Había sostenido la mirada de muchos delincuentes desde

42. Patricia Verdugo, *Pruebas a la vista*, Sudamericana, Santiago, pp. 113-114.

mis inicios en Panguipulli. Pero algunos agentes que desfilaron por mi despacho me hicieron descubrir algo nuevo: un maquiavelismo frío, exento de escrúpulos y del menor remordimiento, una faceta de la naturaleza humana que hasta entonces nunca había enfrentado personalmente. Sentía vértigo ante esos verdugos que habían desviado los medios del Estado al servicio del crimen en masa. Esos agentes bienpensantes parecían verdaderamente convencidos de haberse ensuciado las manos por la mayor gloria de Dios y el bien de su país.

Atestigua por ejemplo un oficial, que había sido designado por el comandante del regimiento para esa misión, que «internados en la pampa unos 200 metros, detuvo el camión y a cada prisionero lo encapucharon con bolsas-fundas de sacos de dormir y comenzaron a bajarlos de a tres para fusilarlos. El último grupo... era de cuatro. Yo tuve participación en los fusilamientos de los cuatro grupos, y para ello usamos fusiles SIG (suizo-italiano-germano) calibre 7.62 mm de cargo militar. Nosotros éramos tres fusileros para cada grupo, pero para el último fuimos cuatro. Los fusilamientos se realizaron a personas que permanecían de pie enfrentando al grupo de fusileros, a una distancia de unos ocho metros. Los prisioneros murieron inmediatamente con los primeros disparos y no fue necesario darles tiros de gracia... Finalizado el fusilamiento, cargamos los trece cuerpos en el camión y los cubrimos con una carpa. Me fui entonces con el camión hasta un predio del regimiento, donde los cuerpos permanecieron hasta cerca de las 20.00 o 21.00 horas del día 17 de octubre de 1973, cuando trasladamos los restos hasta el cementerio de Copiapó».[43]

43. Este testimonio fue publicado en el libro *La misión era matar*, de Jorge Escalante, Lom ediciones, Santiago, págs. 167-168.

Confieso haber sentido un profundo malestar al estrechar la mano de algunos acusados. Tenía la impresión de sentir un soplo maléfico cuando ingresaban por la puerta de mi despacho. Improvisaba prudentes estratagemas para evitar todo contacto con ellos; me mantenía distante, al otro extremo de la habitación, procuraba que una mesa y varias sillas nos separaran. Sin embargo, con el tiempo traté de lograr una reacción más coherente con mis funciones. El juez se limita a determinar si los hechos que se le someten contravienen las normas comunes. Sin suprimir o rechazar las emociones que experimenta, debe contenerlas dentro de límites razonables con el fin de ejercer su función con serenidad. Juzgar requiere cierta distancia y frialdad. La empatía que se experimenta con las víctimas o la posible hostilidad que se siente ante ciertos inculpados se borran en el momento de acusar o condenar.

Sin embargo todos mis puntos de referencia resultaron perturbados durante mi investigación de la Caravana de la Muerte. Esos militares, esos hombres de derecha, esos buenos chilenos, me habían parecido tan cercanos. ¿Qué distancia me separaba ahora de su crueldad? Me sumergí en lo más hondo de la noche con esta instrucción. Me aventuré en los abismos de la conciencia humana, donde no habita otra cosa que el mal. Acompañé a familias de desaparecidos en las tinieblas que habían recorrido durante veinticinco años, donde hombres habían secuestrado, torturado y asesinado sin razón. Me impresionó profundamente lo que fui sabiendo. Amanecía pringoso cada mañana, empapado de sudor, como a la salida de una pesadilla demasiado verosímil. Sin embargo no había soñado esos crímenes. Realmente habían ocurrido. Fuera del palacio de justicia buscaba en el agotamiento físico algo con que neutralizar mi perplejidad. Llegaba a casa y nadaba interminablemente en la piscina del jardín. Intentaba evacuar las toxinas, esos secretos que iba develando poco a poco, que me envenenaban el alma y me impedían hallar la paz.

En el invierno de 1999, al término de numerosas audiencias y reconstrucciones, creía haber recogido suficientes indicios para establecer que se habían cometido hechos que constituían delitos de homicidio calificado contra por lo menos cincuenta y siete personas en el expediente de la Caravana de la Muerte. Por su parte, el 20 de mayo de 1999 las familias de diez víctimas solicitaron la inculpación de los miembros del comando. Una vez más debí interpretar las prerrogativas que la referida amnistía dejaba a la justicia para pronunciarse sobre este pedido; mientras, gran parte de la opinión pública retenía el aliento.

Decidí aislarme unos días en un balneario de la costa del Pacífico, completamente vacío en esa época, acompañado solamente por un escribano forense y por mis escoltas. Antes de plantear la menor inculpación, necesitaba apartarme del mundo para estudiar el expediente de la Caravana de la Muerte con absoluta calma. Iba a leer los diversos tomos del expediente y pesar cada palabra. Era un terreno minado. Mi decisión tenía que ser jurídicamente irreprochable. Al término de esta sesión de estudio, llegué a la misma conclusión que el presidente Aylwin: la amnistía, de aceptarse, se podría aplicar o no aplicar en beneficio de sus autores solamente después de haber determinado las responsabilidades en cada crimen. La justicia iría hasta el final. Encausaría a los miembros de la comitiva del general Arellano Stark.

El 8 de junio de 1999 procesé y ordené la prisión preventiva de cinco oficiales en retiro,[44] como coautores de secuestro permanente. Ellos presentaron de inmediato un recurso de amparo ante la Corte de Apelaciones y, al ser rechazado, apelaron ante la Corte Suprema. Empero, para sorpresa general, la decisión de la Corte Suprema confirmó mi argumentación el 19 de junio siguiente, por unanimidad.[45] Esos hombres fueron procesados como autores de secuestros. Ahora bien, este crimen seguía produciendo efectos en el presente y escapaba por esto de la amnistía. Había nacido una jurisprudencia preñada de consecuencias.

El alcance de esas decisiones iba mucho más allá de un acierto mío en estos procedimientos. La justicia chilena parecía volver a la vida. Terminaban los tiempos de la pusilanimidad, la ceguera y la indignidad. Con este fallo la Corte Suprema abría el camino de una justicia verdadera para los delitos cometidos bajo la dictadura. Me sentía apoyado por la máxima autoridad judicial en una medida que superaba todas mis esperanzas. En el curso de los años, su composición −tal como la de la magistratura chi-

44. El general Sergio Arellano Stark, los coroneles Marcelo Morén Brito, Sergio Arredondo González y Patricio Díaz y el brigadier Pedro Espinoza Bravo (que ya estaba en la cárcel, donde purgaba su pena por el asesinato de Orlando Letelier).
45. El fallo anterior de la Corte de Apelaciones fue en el mismo sentido.

lena en general– había evolucionado. Los gobiernos de la Concertación habían procurado disminuir en sus filas la proporción de magistrados notoriamente pinochetistas. Sentía que algo estaba cambiando. Creía que lo más duro estaba hecho.

Durante los dos meses siguientes, mientras se multiplicaban las querellas en la secretaría del crimen de la Corte de Apelaciones de Santiago, las partes solicitaron la inculpación de otros cincuenta y nueve militares, entre ellos del general Pinochet.[46] El 1 de diciembre de 1999 sometí a proceso al general en retiro Manuel Contreras, ex jefe de la DINA, al coronel Marcelo Morén Brito y al mayor Armando Fernández Larios por secuestro calificado en el caso David Silberman.[47]

Los uniformados ya no eran intocables. Poco a poco la justicia se acercaba a Augusto Pinochet. Pero Augusto Pinochet se había alejado de Chile...

46. Por el caso de setenta y cinco víctimas de la represión.

47. Militante comunista dado por desaparecido desde el 4 de octubre de 1974 y cuyas huellas se pierden en un centro de torturas de la DINA.

20. EL HUMOR QUE SALVA

Mi familia aumentó al cabo de pocos meses. A fines de 1998, el Estado decidió destinar a mi seguridad un impresionante dispositivo. Dos escoltas de la policía de investigaciones me acompañaban día y noche. Un vehículo policial montaba guardia ante mi domicilio y otro patrullaba los alrededores. Por un tiempo hubo otro equipo situado en la colina que hay frente al jardín de mi casa. El Estado consideraba que tenía la obligación de velar por mi seguridad. Y debimos aprender a vivir con eso.

Esta evidente presencia policial cristalizaba la amenaza que se suponía pesaba sobre mí: podía haber fanáticos que me tomaran por blanco. Decidí aceptarla relajadamente. Me acostumbré a que dos sombras siguieran mis pasos. A que me condujeran en automóvil, me precedieran o me siguieran fuera a donde fuera. Mis guardaespaldas nunca parecían acompañarme: uno iba adelante y el otro atrás; se sentaban a dos o tres mesas de distancia en los restaurantes; uno en el vehículo, otro a pie... Se confundían con el medio, pero nunca me dejaban solo.

Por otra parte, casi desde el comienzo de las investigaciones había solicitado que un equipo de policías del departamento quinto de la policía de investigaciones se me destinara a tiempo completo. Originalmente ese departamento era el equivalente de la policía de la policía. Pero poco a poco se formó en su seno un servicio dedicado a las violaciones de los derechos humanos. Conseguí primero que dos y después cuatro hombres de este último grupo fueran destinados a mis instrucciones por un plazo, renovable, de seis meses. Al cabo de un año, debí aumentar la cuota a seis y sin límite de tiempo. ¡En ciertos momentos conté incluso con ocho!

En el ejercicio de sus funciones jurisdiccionales, el magistrado está solo con su conciencia cuando debe tomar sus decisiones. Pero la investigación es un trabajo colectivo. En ella participan especialistas en medios audiovisuales, miembros de la policía científica, legistas, forenses, psicólogos, etc. Durante esta fase, la policía trabaja colaborando estrechamente con el juez. Éste dirige las investigaciones, pero los funcionarios policiales disponen de un importante margen de maniobra. Durante mi investigación pude establecer un diálogo continuo y una fructífera colaboración con el departamento quinto.

Gracias a los archivos de su servicio, esos oficiales me enseñaron mucho acerca del funcionamiento de los grupos represivos de la dictadura. Son profesionales meritorios, profundamente legalistas, buenos representantes del nuevo Chile. Algunos habían sido mis alumnos en la Escuela de Investigaciones y aún eran niños el 11 de septiembre de 1973. Su manera de enfrentar los hechos no estaba condicionada por la tensión política de aquellos años.

Todos estos hombres me importaban por igual, fueran escoltas o investigadores. Con cada uno se produjo una complicidad y se tejieron lazos muy fuertes. No sólo les veía como funcionarios destinados a mi seguridad o como auxiliares, sino como compañeros con los cuales bromeaba o a los que intentaba llevar a sanas distracciones después de terminada la jornada de trabajo. La risa era habitual entre nosotros para atenuar el aspecto dramático de nuestras investigaciones y de algún modo neutralizarlo.

Un chiste que recuerdo con cariño ilustra el buen humor a que me refiero. Lo protagonizan dos sacerdotes famosos por su devoción. Un día el más osado de los dos pregunta al otro:

–Dime, Santiago, ¿te gustaría conocer los placeres de la vida profana?

–Estás loco, Gastón.

–En absoluto. Imagina que nos marchamos dos días a un país donde nadie nos conoce y allí lanzamos una cana al aire... ¡Sólo dos días!

El otro terminó por ceder, y los dos curas se marcharon de incógnito para iniciarse en aquellos placeres. De regreso en la parroquia, el ministerio recuperó sus fueros y decidieron confesarse el uno con el otro. Santiago empezó escuchando las terribles confesiones de Gastón. Se mostró misericordioso y sólo lo obligó a una penitencia de dos *Pater* y dos *Ave*. Y después Gastón, el iniciador de la aventura, recibe la confesión de su amigo. Cuando termina Santiago, le dice:

–Rezarás un rosario todas las mañanas y todas las tardes para arrepentirte de tus pecados.

–¿Durante cuanto tiempo, padre?

–Hasta el día de tu muerte.

Bastante sorprendido, Santiago se dispone a levantarse; pero su confesor agrega una, después dos y finalmente diez penitencias complementarias. Santiago está indignado ahora.

–Cometimos los mismos pecados, padre, y como noté que te arrepentías sinceramente, creo que he demostrado clemencia contigo...

–Ése no es el problema –le interrumpe Gastón–. Yo, cuando me divierto, me divierto. Pero cuando trabajo, trabajo.

Así funcionábamos los investigadores de la policía y yo. Nuestras jornadas de trabajo eran largas y extenuantes. De exhumación a relato de tortura, nos enfrentaban a una irradiación permanente del mal. Así que cuando bromeábamos, bromeábamos. Y me parece que así ocurre siempre con aquellos a quienes su oficio pone en contacto con la muerte y el sufrimiento más crudo, incluso a veces con el salvajismo. Necesitan evacuar de un modo u otro lo que cada día les obliga a acumular de oscuro. Habíamos escogido la risa. «La vida es demasiado seria para tomarla en serio», escribió Oscar Wilde. Esa frase se convirtió en lema del grupo.

Una noche de invierno, en el cementerio de Concepción, asistía a la excavación de una fosa común gigantesca en compañía de médicos forenses y de antropólogos. Según nuestras investigaciones, entre los restos de cinco mil personas debía de haber cuerpos de detenidos desaparecidos. Una tormenta poco común se desencadenó súbitamente y arrastró las tiendas que protegían las excavaciones. Precedidos por violentos truenos, torrentes de agua se abatían en esa escena fúnebre.

Carlos Puentes, un sacerdote que gozaba de un carisma y de una bondad notables, se protegió conmigo en el interior de un mausoleo vetusto, contiguo a la fosa. Cuando la tormenta se calmó un poco, me pareció oportuno aligerar a mi compañero en ese ambiente aterrador, y decidí contarle la historia de los dos curas. Le advertí sobre su carácter irreverente, pero me rogó que continuara. Al final de la historia estalló de risa y me confió que le parecía muy saludable nuestro sentido del humor y además indispensable para la cohesión de un grupo enfrentado a una misión tan difícil. Y me contó que en los peores momentos que vivió durante su detención bajo el gobierno militar, también había recurrido al humor para conservar su salud mental. Después, en tono juguetón, me preguntó si nuestro grupo ya contaba con los servicios de un capellán. Ante mi respuesta negativa, confesó que le encantaría cumplir esa función...

Desde ese día, hasta que una enfermedad nos lo arrebató prematuramente, Carlos Puentes asumió esa función con humor, sagacidad y amistad.

21. QUINIENTOS TRES DÍAS

Hay fechas que marcan la memoria de un pueblo. Cada chileno recuerda lo que hacía el 16 de octubre de 1998 cuando supo del arresto del general Pinochet en Londres.[48] Ese día un verdadero terremoto sacudió a Chile de norte a sur. La noticia se recibió hacia las ocho de la tarde, sin más detalles. A la mañana siguiente los periódicos se contentaron con anunciar la información sin agregar la menor explicación.

En ese momento yo realizaba excavaciones en el norte del país, en busca de osamentas de prisioneros políticos desaparecidos. Como muchos otros, mi primera reacción fue de incredulidad. Todos, en Chile, habían terminado por suponer que Augusto Pinochet era intocable. Se lo admirara u odiara, nadie preveía aquella situación.[49]

48. Mientras permanecía en Inglaterra en el marco de un viaje privado, el ex jefe de la junta militar fue detenido en el hospital de Londres donde acababa de ser operado de la espalda.

49. Sin embargo algunos de sus consejeros habían advertido al general contra la perspectiva de un desplazamiento a Europa, debido a las causas judiciales abiertas contra él en España. El año anterior, el auditor general del ejército de tierra, Fernando Torres Silva, había

La justicia internacional acababa de irrumpir en la arena chilena. Y los militares no podían ni prever ni manejar esto. No todas sus víctimas eran chilenas. En España, Francia y Suiza había jueces que se interesaban por ciertos delitos cometidos en Chile. Y aún más: debido a su naturaleza y sistematicidad, los crímenes de la dictadura se podían considerar crímenes contra la humanidad. El juez Baltasar Garzón los estimaba, además, constitutivos de genocidio. Procesó, entonces, a Pinochet, ordenó su arresto y demostró que un dictador no podía desplazarse impune por el mundo mientras no le juzgara todo juez que tuviera competencia penal universal.

La dictadura ya no era asunto sólo de los chilenos. Interesaba ahora al mundo entero. El arresto de Augusto Pinochet, a quien se veía como el prototipo de los dictadores militares latinoamericanos, fue primera plana en todos los periódicos. Nuestro país ya no tenía las manos libres: la comunidad de los seres humanos se sentía afectada por esos años trágicos.

Entre los que habían padecido la represión en Chile se manifestó una inmensa sed de justicia después de decenios de gritos y de lágrimas. Por fin le tenían, aunque fuera indirectamente, a ese general que acechaba sus pesadillas. Se beneficiaría, ciertamente, de las garantías procesales con que ni ellos ni sus parientes habían contado. No lo torturarían. No arriesgaría una pena de muerte. Pero, esperaban, por lo menos se lo juzgaría.

---

acudido personalmente a Madrid y atestiguado ante la Audiencia Nacional; de este modo había ratificado, sin quererlo, la competencia de los tribunales españoles en asuntos chilenos.

Entre los admiradores del general, en cambio, llegó al paroxismo la furia y la indignación. Inglaterra apuñalaba por la espalda a la derecha chilena, aunque Augusto Pinochet había sido un precioso aliado de Margaret Thatcher contra Argentina durante la guerra de las Malvinas. Una parte del país vivía el acontecimiento como una vejación, como una humillante bofetada al rostro de Chile. Una semana después del arresto se concentraron millares de pinochetistas en los barrios elegantes de Santiago. Las principales personalidades de la oposición de derecha se mostraron allí de manera ostensible. Y florecían los testimonios de solidaridad, más o menos irrisorios. El alcalde de la comuna de Providencia, Cristián Labbé, ex funcionario de la DINA y peón del viejo general, proclamó que los servicios municipales no recogerían los cubos de la basura de las embajadas de España y de Inglaterra. Tres semanas después llegó a declarar *persona non grata* al embajador de España en el territorio de Providencia. El gobierno debió reforzar la seguridad de los recintos diplomáticos.

Un diputado de la Unión Democrática Independiente,[50] Iván Moreira, inició una huelga de hambre. «Muchos sentimos que no hacemos lo suficiente para salvar la dignidad de Chile y traer de vuelta al estadista más importante que hemos tenido en este siglo»,[51] manifestó para justificar su «intento desesperado». Pero, sin temor al ridículo, interrumpió su sacrificio tres días más tarde.

El 25 de noviembre de 1998, cuando la justicia británica se negó a reconocer la inmunidad diplomática que invocaba Augusto Pinochet –el mismo día en que cumplía

50. Partido de derechas suscitado por el régimen militar en 1983.
51. Diario *La Tercera*, página 15, 24 de octubre de 1998.

ochenta y tres años–, la derecha pinochetista tuvo que contener provisoriamente su arrogancia. Los partidarios del ex jefe del Estado comprendieron que no se trataba de un simple incidente. El asunto era serio. La amenaza de un proceso en Europa se tornaba tangible.

Como titularon algunos periódicos, «el miedo cambió de campo». En Chile, los opositores se regocijaban con las primeras decisiones de los Lores y se multiplicaban los «carnavales de la alegría». Ya no temían a los carabineros, que tan a menudo habían reprimido violentamente sus manifestaciones en el pasado. Ahora los guanacos[52] actuaban en los barrios elegantes de la capital, donde cada tarde se agrupaban algunos simpatizantes del viejo general que acudían a insultar a españoles y británicos.

Por mi parte, ya había padecido multitud de molestias desde que comenzara a indagar a los dignatarios del gobierno militar. Vivía acechado por fotógrafos emboscados; era víctima de los ataques de una prensa colaboradora de la dictadura; nuestra familia carecía completamente de intimidad debido a la presencia continua de la escolta policial. También me decía que, al cabo, si los españoles y los ingleses querían realmente juzgar a Pinochet, me quitarían un peso de encima. Esta sensación fue de breve duración, pues la realidad de mis expedientes era muy distinta. Cuanto más avanzaba en cada instrucción, mejor conseguía reconstruir el organigrama de las fuerzas armadas y más evidente resultaba que no podría concluir mis investigaciones sin interrogar a Augusto Pinochet. E, incluso, quizás muy pronto se plantearía el tema de su inculpación.

52. Cañones de agua.

Como no sabía si algún día volvería a poner los pies en suelo chileno, decidí enviarle por escrito numerosas preguntas relacionadas con mis investigaciones: sobre la Caravana de la Muerte, la calle Conferencia, una fosa común en Pisagua, la operación Cóndor, los acontecimientos de Paine... El 21 de octubre de 1999, un año después de su arresto, se las hice llegar por intermedio del cónsul de Chile en Londres. Una semana después Augusto Pinochet me respondió que se encontraba detenido injustamente por orden de una jurisdicción a la cual no reconocía, y que por lo tanto no estaba en condiciones de responder a peticiones de la justicia chilena. Acerca de los temas de fondo de los expedientes, se contentaba con esperar que muy pronto se hiciera la luz sobre unos acontecimientos a los cuales se declaraba por completo ajeno.

Transcurrían los meses y en Chile este asunto pasó a segundo plano. A fin de cuentas, la detención del general Pinochet no alteraba el buen funcionamiento de las instituciones. De Arica a Punta Arenas la vida continuaba a pesar de todo. El 11 de marzo de 2000 Ricardo Lagos sucedió a Eduardo Frei en la presidencia de la República. Esto representaba un nuevo golpe para los partidarios de Pinochet, que sabían que el nuevo jefe del Estado no sería un aliado. En 1988, por una emisora de televisión, se había atrevido a conminar a Pinochet a que dejara el poder.

Tal como mis conciudadanos, permanecía atento a los múltiples recursos formulados por una y otra parte ante la justicia inglesa. Este folletín de vaivenes acontecía ante los ojos de la prensa, pero su término continuaba en la incertidumbre. A principios del año 2000 ocurrió un golpe teatral: después de exámenes médicos, el ministro inglés del interior, Jack Straw, decidió que por razones humanitarias no accedería a la petición de extradición que había formulado el juez Baltasar Garzón en España y que en principio se había aprobado anteriormente. De este modo, el 3 de marzo del año 2000, Augusto Pinochet pudo regresar apaciblemente a Chile, donde su regreso fue objeto de una curiosa escenificación.

En el aeropuerto de Santiago, donde la prensa de todo el mundo estaba concentrada, un areópago de notables y de oficiales superiores esperaba a su mentor. Pinochet regresaba a Chile sano y salvo después de evitar que le entregaran a la justicia del antiguo colonizador. El viejo general descendió a la pista del aeropuerto en una silla de ruedas, con el bastón entre las piernas. Pero se puso de pie apenas tocó el suelo. Firme sobre las piernas, abrazó calurosamente al comandante en jefe del ejército de tierra, el general Ricardo Izurieta, antes de avanzar, apenas ayudado por una muleta, hacia los miembros del comité de recepción. Pinochet había escenificado un simulacro de milagro evocando el evangélico «levántate y anda». Pero el gesto también estaba destinado a sus detractores de todo el mundo y a los jueces europeos que habían tenido la osadía de acosarle. El recurso al engaño y a la astucia para conseguir lo que se quiere nada tiene de indigno para la mentalidad chilena: por el contrario. Augusto Pinochet ponía de manifiesto, con esta pirueta, que creía haber ganado la partida. El anciano impotente que acababa de ser liberado por razones humanitarias se mostraba, al bajar del avión, fogoso como un joven...

Lo que no sospechaba al poner los pies en Santiago era que la justicia de su país no le dejaría en paz. El Chile que encontraba ahora no era el mismo que había dejado en 1998. La justicia avanzaba hacía meses como una aplanadora. Ya los militares no podían contar con el apoyo incondicional de los partidos de derecha, en el seno de los cuales Pinochet se había convertido en factor de división. Algunos herederos políticos no deseaban mostrarse solidarios. Por lo menos oficialmente.

La tregua de que gozó el general fue de breve duración. El mismo día de su regreso los abogados de los querellantes en el caso de la Caravana de la Muerte solicitaron que se levantara su inmunidad parlamentaria. Se había roto el tabú. Una parte de la sociedad exigía una rendición de cuentas y no temía la reacción de los cuarteles. Cada día aumentaba la presión, arrinconando a la justicia y obligándola a asumir sus responsabilidades. Una divisa restallaba como una bandera de rebelión: «¡Ni olvido ni perdón!»

El 6 de marzo del año 2000, solicité a la Corte de Apelaciones que se pronunciara sobre el levantamiento de la inmunidad en el marco de diecinueve delitos de secuestro permanente cometidos por la Caravana de la Muerte. La presión aumentaba. El 5 de junio siguiente la Corte de Apelaciones acogió el desafuero por trece votos contra nueve, considerando que existían «sospechas fundadas» acerca de la responsabilidad de Augusto Pinochet. La presión continuaba aumentando. Y entonces el 8 de agosto de 2000 la Corte Suprema confirmó el fallo, por catorce votos contra seis, y no se detuvo en eso. Su resolución estipulaba que no había que limitarse a los diecinueve casos de secuestro permanente a que yo me refería: el levantamiento de la inmunidad parlamentaria también debería

161

aplicarse, según ella, a los cincuenta y siete casos de homicidio en los cuales los cuerpos ya se habían encontrado. La presión franqueaba un tercer escalón y alcanzaba un umbral crítico.

Sumamente discutida por su obsecuencia con la dictadura, la Corte Suprema ya había dado algunas señales de independencia al confirmar las condenas de Manuel Contreras y de Pedro Espinoza Bravo por el asesinato de Orlando Letelier.[53] Al validar el levantamiento de la inmunidad parlamentaria del general Pinochet, estaba dando un paso más significativo. Dejando aparte algunas excepciones, finalmente había recuperado la honra.

Al día siguiente de este fallo, después de haber saboteado una sesión de la cámara de diputados en señal de protesta, una importante delegación de parlamentarios de derecha acudió al domicilio del general Pinochet con el fin de expresarle su apoyo. Algunos tacharon de «error histórico» la decisión de la Corte Suprema. Según Pablo Longueira, presidente de la Unión Democrática Independiente, «no se puede aceptar que los mismos que destruyeron Chile entre 1970 y 1973 vengan a cambiar la historia y desvirtuar el significado profundo del 11 de septiembre».[54] El ambiente se tornaba explosivo, pero el país superaría sus temores y no dejaría reaparecer sus viejos demonios.

53. Un artículo del decreto-ley de amnistía establecía que las personas procesadas en el caso llamado de los pasaportes, es decir el asesinato de Orlando Letelier y de Ronnie Moffit, no se podían beneficiar con la amnistía. Esta disposición fue una señal de buena voluntad que se dio a Washington.

54. Diario *La Nación*, 10 de agosto de 2000.

Los partidarios del general Pinochet no esperaban este fallo. Comprendían un poco tarde que el peligro emanaba ahora de sus antiguos aliados: antaño a sus órdenes, los magistrados estaban asumiendo plenamente sus funciones. Los pinochetistas, sin embargo, supieron reaccionar sin violencia. Era la hora de la diplomacia. Se me enviaron diversos emisarios para sondearme. Aparecían mensajeros desde todas partes...

22. EL JUEZ Y LA LEY

«¡Te debes retirar del caso Pinochet o vas a traicionar a tu clase social!» Un viejo amigo me dio este consejo, uno más en una serie de insinuaciones menos directas que había recibido. Por ejemplo, un ex profesor de la facultad de derecho donde enseñara un día me había pedido que le visitara urgentemente. «¿Cómo van las cosas con el general Arellano Stark?», me había preguntado apenas estuvimos frente a frente. «¿Es tan malvado este hombre como dicen? Me han dicho que es un ferviente católico...»

Había explicado a ese eminente jurista que no era el primero que me interpelaba en ese sentido y que mi respuesta siempre había sido la misma: una inculpación responde a criterios precisos que enumera el código de procedimiento penal. Ahora bien, el procesamiento de Arellano Stark cumplía con esas condiciones. Había presunciones suficientes que justificaban, incluso que imponían, su inculpación. Pero mi interlocutor apenas me escuchaba. «¡Vamos, Juan, estás golpeando demasiado fuerte a Pinochet y a ciertos militares! Mucha gente te empieza a considerar un renegado. Deja que te ayude a recuperar tu antigua imagen de hombre de derechas...»

Me estaba invitando, en el tono de un consejo fraternal, a regresar al rebaño antes de la noche. Y hasta llegó a indicarme el camino más seguro: «Prométeme que si te solicitan inculpar a Augusto Pinochet te harás a un lado y dejarás que se pronuncie la Corte de Apelaciones...» Nada prometí. Ni en aquélla ni en otras ocasiones. Un juez recibe a lo largo de toda su carrera esa clase de presiones «amistosas», que no por ello dejan de ser presiones. Lo que está en juego es variable. El asunto puede ir desde una falta contra la ley del tránsito hasta una acusación por un crimen. Siempre he respondido a las presiones con una sonrisa, una fórmula evasiva. A veces con palabras de buena crianza, cuando la situación lo permitía. Me ha parecido notar que quienes piden un favor no están muy convencidos de lo que solicitan. De hecho, te ponen a prueba. El balón queda en tu campo.

Lo más frecuente era que las presiones no se manifestaran como tales. Se trataba de consejos de aspecto amistoso. «¡Supongo que no tomarás en serio esas historias!» Conocidos, que pretendían ser bien intencionados, me decían palabras de ese jaez acerca de las instrucciones que llevaba adelante sobre determinados militares. Se me ponía en guardia contra el riesgo que estas delicadas investigaciones podían implicar para mi carrera. Se me sugería que fuera prudente.

Durante los primeros meses se duplicaron las invitaciones a cenar. Infinidad de gente quería comunicarme mensajes o que participara de sus comentarios. Me había convertido en hombre público. Mi trabajo pertenecía a todos y cada uno. Y cada uno me proponía su consejo personal. Una tarde, durante una recepción, un militar en retiro se acercó a sermonearme; afirmaba que yo había «caído en la trampa de los comunistas». En casa de otros había algo de esnobismo: recibían al juez que había inculpado al ex dueño del país. Se repetía ávidamente a los conocidos la menor afirmación que yo pronunciara, muchas veces adornándola. De manera imperceptible, mi círculo de relaciones se tornaba más y más artificial. Ya no buscaban mi compañía para compartir conmigo; todo tenía siempre algún lazo con el caso Pinochet.

Un día un antiguo conocido me invitó a conocer a un general en retiro que ahora era senador de la República.[55] Los dos querían conversar conmigo sobre la detención del general Pinochet en Londres y las posibilidades que existían de hacerlo regresar a Chile. Me pareció que esa conversación no se oponía al secreto del sumario ni a la ética, ya que ninguna de esas personas aparecía en los procesos que estaba instruyendo.

Los dos hombres pusieron muy pronto sus cartas sobre la mesa: pretendían que emitiera una orden de detención contra el ex presidente chileno, garantizándome que sus abogados no se opondrían: tenían todas las razones para considerar que los querellantes también se alegrarían por ver volver a Santiago al ex dictador. Inglaterra, esperaban, privilegiaría una extradición a Chile antes que a España. Después de lo cual la justicia chilena sólo tendría que renunciar a procesarlo. Era evidente la voluntad de manipularme; ni siquiera se molestaron en disimularla.

55. Senador designado por el contingente militar previsto en la Constitución; no elegido por el pueblo.

Las presiones y las advertencias se redoblaban. Había quienes me ponían en guardia para que no fuera demasiado lejos. Insistían en la delicada situación de las fuerzas armadas debido a la detención en Londres de su ex comandante en jefe. No podía ser peor, consideraban, que me sumara inculpando a otros oficiales. Algunos interlocutores no vacilaban en hacer vibrar la cuerda genealógica, recordándome cuántos de mis antepasados habían llevado uniforme.

Sus esfuerzos fueron vanos. Desde que era consciente de mi verdadero deber me había convertido en un hombre más libre, sin amarras. No me habrían afectado ni las presiones ni las sanciones. A imagen del Thomas Becket de *Becket o el honor de Dios,* de Jean Anouilh, me había vuelto contra mi rey. Y no para defender el honor de Dios, sino el de la justicia y finalmente el mío propio. Como a Thomas Becket y a Larry, los héroes de mi juventud, se me trataba de renegado o de loco sin comprender que sencillamente había terminado por confirmar mi camino.

A pesar de las distintas formas que adoptaban las presiones, me negaba a recluirme y me parecía importante mantener algunos lazos sociales con el mundo pinochetista. Algunos de estos contactos ocurrían con abogados con los que había trabajado anteriormente. Uno de ellos era un ex magistrado que había ocupado un asiento contiguo al mío en la corte marcial de Santiago. Nos estimábamos y manteníamos relaciones cordiales. Durante numerosos encuentros informales, intentó sondear, sin éxito, el terreno de mis siguientes decisiones. ¿Qué me proponía en el tema del general Pinochet? ¿Qué opinaba del proceso realizado por Baltasar Garzón o de las decisiones adoptadas por la justicia inglesa? Al mismo tiempo, este interlocutor me daba a entender que los procesamientos de algunos oficiales eran más sensibles que otros y que resultaría de buen tono bajar el perfil de los procesos que sustanciaba. Trataba de conducirme al territorio sensato de la razón de Estado.

Mantuve ese contacto sin variar mi objetivo: que prevaleciera la razón del derecho. Las invitaciones que me hacían se fueron espaciando a medida que resultaba evidente que no iba a considerar los consejos que se me prodigaban. Y llegó un momento en que me evitaban de manera notoria. Hubo conocidos que se alejaron. No comprendían que participara en lo que calificaban de mascarada judicial. Según la denominada buena sociedad de Chile, yo debía ser de derechas, católico, patriota y respetuoso del orden y el uniforme. Hay leyes no escritas. Hay reflejos de clase. Hay tabúes que yo había transgredido.

A veces ocurría que incluso en mi familia se insinuara la incomprensión. Con mi madre discutía durante horas lo que iba sabiendo, y le repetía que debía escuchar esa historia a pesar de sus sentimientos favorables a Pinochet y a algunos generales. No se podían negar los hechos que enfrentaba todos los días: crímenes sin nombre se habían cometido durante el régimen militar. Como era yo quien hablaba y me tenía confianza, la vi evolucionar paulatinamente. En la actualidad acepta la existencia de esas atrocidades. Incluso a veces es particularmente dura con los oficiales que de esa manera deshonraron al ejército de Chile.

Mientras más expuesto estaba, más oprimida se sentía nuestra familia por la mirada de los otros. Nos faltaba el oxígeno y extrañábamos el anonimato, sinónimo de una libertad perdida. Poder ir y venir libremente, reunirse con quien uno desea: son cosas que no están implícitas cuando una fama involuntaria te coge al vuelo. Mis actos y mis gestos eran espiados cotidianamente, se desmenuzaban mis relaciones. Vivíamos bajo protección policial durante las veinticuatro horas. La prensa abundaba en las calumnias que mis numerosos detractores diseminaban, lo que Inés y nuestras dos hijas comprobaban con un profundo desprecio.

Debí poner límites ante individuos que habían perdido todo sentido de la mesura. En tres oportunidades me vi obligado a decretar una sanción disciplinaria contra uno de los abogados del general Pinochet, que había insinuado que yo carecía del discernimiento necesario para decidir en algunos aspectos del sumario. La Corte de Apelaciones confirmó estas medidas, y los escritos del abogado recuperaron el tono respetuoso del que nunca debieron apartarse.

Del mismo modo, preferí acudir a la justicia contra las actuaciones de Marcelo Cabrera, que dirigía una organización pro Pinochet. En varias ocasiones, una treintena de sus adherentes se manifestó bajo mis ventanas. Esta cacofonía comenzaba a molestar al vecindario, sin contar con que algunos insultos, proferidos con el apoyo de megáfonos, apuntaban directamente a mi madre. Un tiempo después, Marcelo Cabrera me solicitó audiencia y me presentó sus excusas. Acepté retirar mi querella. No deseaba dar un ejemplo; solamente quería que cesaran los golpes bajos en mi contra.

Pasaban las semanas y me fui convirtiendo en otro en la mirada de la gente. A veces cómplices, a veces reprobatorios, sus ojos se detenían en mí y me vestían de fantasma. Me había transformado en el espejo de sus propios tormentos. Algunos depositaban en mí esperanzas desproporcionadas. Otros, resignados, creían que todo sería en vano y que triunfaría la razón de Estado. Otros comprendían finalmente, temblando, que mi trabajo haría subir a la superficie esos cuerpos que habían querido hacer desaparecer para siempre, como si la visión de la sevicia que habían infligido les resultara insoportable pasado ya el furor que les hiciera actuar. Era necesario que sus víctimas permanecieran en esa inexistencia, ni vivas ni muertas. No eran y jamás habían sido.

En cada desplazamiento provocaba convulsiones en esta sociedad profundamente dividida. Algunas reacciones resultaban francamente cómicas, como la de aquella mujer que prefirió descender del ascensor donde yo acababa de ingresar apenas comprobó quién era. A la inversa, sucedía que gente empezara a aplaudir a mi paso cerca del palacio de justicia de Santiago o durante mis desplazamientos por el país. A veces asistía impotente al choque de los dos Chiles, como aquel día en que acompañé a mi madre a una oficina del servicio de salud pública. Mientras estábamos en la fila, esperando que nos atendieran, me reconoció un individuo que se encontraba en una fila cercana y me llamó aparte. Me reprochó que me encarnizara contra un pobre anciano, Augusto Pinochet. Sus palabras provocaron una enérgica reacción en otros usuarios, que de inmediato me defendieron.

Aprendí a hacer caso omiso de esas miradas, tal como me acostumbré a no prestar atención a los artículos envenenados y a las emisiones sensacionalistas de televisión o a las presiones «amistosas». Un juez cuenta con testimonios, pericias y comisiones rogatorias, y su única brújula son sus códigos y su conciencia. Con los ojos fijos en el microscopio, es hermético, impermeable a todo cuanto sucede a su alrededor. No está en el presente, se encuentra en los lugares del delito, está en compañía de los protagonistas, en la hora del crimen y en él resulta casi un espectador.

Pisagua, calle Conferencia, Villa Grimaldi... Me sumergí en el pasado reciente de Chile y visité esos lugares y comencé a penetrar sus espesos secretos. He escuchado las súplicas de los mártires, la risa sádica de los torturadores, las ráfagas de ametralladoras que atravesaban los cuerpos alineados. Me sacaron de mi tranquilidad y tuve que enfrentar lo inimaginable. El magistrado se vio obligado a aceptar aquello que el hombre siempre había puesto en duda. Ahora se trataba de identificar a cada víctima, encontrar el cuerpo de cada desaparecido y examinar las responsabilidades personales, respetando el derecho.

23. CENSURADO

La atención de la prensa se concentró en mí después que acepté instruir la querella de Gladys Marín Millie contra el general Pinochet. Uno de los abogados que redactaron esa querella me confesó, algún tiempo más tarde, que jamás se habría imaginado que yo daría curso a esa petición.

Los periodistas me tuvieron entre ceja y ceja desde ese momento. Hasta ese día, más de una vez me había cruzado con algún cronista judicial en los pasillos del palacio de justicia; pero ahora cayó sobre mí la artillería pesada. Las revistas, la prensa popular, la televisión, la radio: todo lo que había en el país en cuanto se refiere a medios destinados al gran público, comenzó a interesarse en el juez Guzmán; y de cerca venía la prensa internacional. Entonces ocurrió el nacimiento de mi doble mediático.

Esta notoriedad –que no rima con popularidad: muy lejos de eso– no favorecía mi trabajo de magistrado. Me encontraba expuesto, y la menor de mis palabras podía dar lugar a controversias. Sin duda la razón me podría haber impulsado a evitar a la prensa y nunca entregar ningún comentario sobre los procedimientos en curso, a llegar a mi despacho por la puerta de servicio y apoyar mis desplazamientos con un impresionante cordón de seguridad destinado a mantener a distancia a los curiosos. Pero opté por otra cosa.

Considero que el respeto del secreto del sumario y de la obligación de reserva es compatible con una información veraz al público por intermedio de la prensa. El secreto del proceso es una necesidad del sumario y no un sacramento. En otras palabras, ciertas informaciones de alcance general se pueden comunicar sin que se ocasione un perjuicio a la investigación: precisar en qué etapa se encuentra un procedimiento sin revelar datos de la investigación por realizarse ni explicitar las razones de una inculpación; dar cuenta del resultado de una campaña de excavaciones; desmentir una información errónea...

Rechazo la noción de una justicia a puertas cerradas, clausurada en su jerga y cerrada sobre sí misma. Llevar adelante una instrucción y juzgar son tareas exigentes y fastidiosas. Conviene explicar cómo se ejercen y qué normas las rigen. Al cerrarse al mundo, la magistratura entrega con demasiada frecuencia a los profanos la impresión de que hace justicia según arreglos secretos e inconfesables. Y por ello sufre la confianza que le concede la gente. Y entonces hay muchas aberraciones que se escriben en la prensa. Las inexactitudes fácticas y las aproximaciones jurídicas pululaban en la pluma de los periodistas, sin contar que muchos daban por válidos los rumores infundados que hacían correr los partidarios de Augusto Pinochet, deseosos de dramatizar la situación. Por eso me parece fundamental que la fuente más directa posible ofrezca las informaciones susceptibles de ser entregadas.

Debo mencionar además que las nuevas reformas de procedimiento se fundan en los principios fundamentales del «debido proceso», uno de cuyos pilares es justamente su carácter público, que garantiza una justicia verdaderamente trasparente. Su aspecto nebuloso es un vestigio de la Inquisición, período por el cual parecen experimentar una profunda nostalgia algunos altos magistrados que ven una estrecha correlación entre «secreto» y «poder». En cuanto concierne al hecho de expresar una opinión o avanzar un juicio sobre lo que sea, tengo la absoluta convicción de no haber faltado jamás al artículo 320, lo que la miopía de algunos impide apreciar.[56]

La justicia puede aportar explicaciones a los ciudadanos –de quienes provienen sus prerrogativas– sin por ello contravenir sus principios. Se trata, en mi opinión, de un respeto que se debe a los justiciables; de la trasparencia indispensable en todo Estado de derecho. Estas aclaraciones se pueden conciliar con el respeto del secreto del sumario. Por ejemplo, cuando se declaró el levantamiento de la inmunidad parlamentaria de Augusto Pinochet, los periodistas me preguntaron si tenía la intención de inculparlo en poco tiempo. No podía responder a esa pregunta y por eso me contenté con indicarles, en abstracto, cuáles eran las condiciones que la ley requería para proceder a una inculpación. No avancé ninguna opinión ni entregué la menor información sobre los siguientes pasos del sumario.

56. El artículo 320 del código orgánico de tribunales dice que «los jueces deben abstenerse de expresar y aun de insinuar privadamente su juicio respecto de los negocios que por ley son llamados a fallar».

Debía enfrentar regularmente a representantes de diferentes medios internacionales. Todo el mundo se interesaba en el asunto después del arresto de Pinochet en Inglaterra. Enviados especiales de toda América, de Europa e incluso de Asia seguían día a día la saga judicial de los expedientes donde aparecía el nombre del ex jefe del Estado. Deseaba que supieran que la justicia chilena no era una institución de fachada o atada de pies y manos al poder político o al ejército. La justicia funcionaba en Chile, y los acusados de los delitos cometidos durante la dictadura podrían ser juzgados si se reunían los elementos de prueba necesarios. Más tarde, ya con experiencia, me pareció más útil reservar mis declaraciones para la prensa extranjera y no para algunas publicaciones chilenas a las que había sorprendido en flagrante delito de mentira. La prensa supuestamente conservadora, en particular, practicaba una desinformación sistemática y calculada, deformando los hechos en función de su grilla ideológica de lectura. Aprendí a desconfiar, en primer término, del diario *El Mercurio,* cuyas informaciones me parecían selectivas y caricaturescamente tendenciosas.

Mi apertura a los medios de comunicación y la mediatización consiguiente de que fui objeto disuadían a quienes pretendían insistir en golpes bajos, y al mismo tiempo constituían un escudo que fortalecía mi seguridad y las de los míos. Pero esta exposición contribuyó a que paralelamente corriera el riesgo de sanciones injustificadas, pues mi filosofía personal sobre la necesidad de trasparencia en la justicia no coincidía, como se verá, con lo que deseaban algunos miembros de la Corte Suprema simpatizantes de la dictadura.

Tanto en la Corte de Apelaciones de Santiago, salvo ciertas excepciones, como en la Corte Suprema parecían no interesar mucho mis principios de mayor apertura. Poco después del levantamiento de la inmunidad parlamentaria del general Pinochet, la Corte Suprema me hizo un llamado al orden. Algunos altos magistrados consideraban que yo me explayaba demasiado en la prensa y me exigieron que no diera más entrevistas. En esa ocasión una periodista me preguntó si no tenía la impresión de ser «un juez exhibicionista». Le endosé la responsabilidad de esa fórmula, pero le respondí que sólo me importaba una cosa: demostrar a la opinión pública y al mundo que la justicia chilena investigaba ahora con seriedad los crímenes cometidos durante la dictadura.

Hablaban de exhibicionismo, pero yo tenía más bien la impresión de ser objeto de voyeurismo mediático. En la prensa chilena se llegó a publicar editoriales que destacaban la aparición en mi rostro de una barba incipiente y de inmediato se comentaba que mi intención era atraer a fotógrafos y camarógrafos. Y si vestía el abrigo a cuadros que mi padre me había regalado hacía tres décadas cuando contraje matrimonio, *El Mercurio* le consagraba un recuadro bajo el título «el nuevo abrigo del juez Guzmán» y explicaba que al vestirme de ese modo trataba de no pasar inadvertido en los pasillos de palacio...

Los disparates no tenían límites. Con ocasión de una prolongada sesión de excavaciones en el norte de Chile, había pasado una velada en el carnaval de Huara. Durante el espectáculo, que contemplaba en primera fila en compañía de algunos notables de la región, una encantadora bailarina invitó al alcalde de Huara a que se le uniera en la pista. Otra hizo lo propio conmigo. Los fotógrafos no perdían detalle. Mi fotografía, sazonada con trivialidades, se publicó en primera plana del diario *La Segunda*.

Sabía que estaban a la espera de la primera oportunidad, que mi siguiente desliz lingüístico o de comportamiento sería pretexto para una sanción. Aunque era consciente de la amenaza, no dejó de sorprenderme cuando se concretó.

A finales del otoño de 2000, la presidenta del Consejo de Defensa del Estado (CDE), Clara Szczaransky, fue acusada por un grupo de diputados de haber cometido irregularidades en el marco de sus funciones. El ataque fue de una violencia que me pareció fuera de lugar. Las palabras que utilizaban sus atacantes violaban todos los usos en vigor en el ambiente judicial y hasta los más elementales principios de cortesía.

La polémica apareció en primera plana de los periódicos. Como ya había padecido más de una campaña hostil de prensa, sentí la necesidad de manifestar a Clara Szczaransky, con la cual siempre habían sido muy cordiales mis relaciones profesionales, mi solidaridad en los momentos difíciles que atravesaba. En una carta le manifesté mi confianza en su integridad. Pero el documento se hizo público y lo aprovechó la prensa. Y se creó el caso Guzmán dentro del caso Szczaransky. Los abogados de Augusto Pinochet, a riesgo de mezclar la institución y la persona, utilizaron la ocasión para denunciar mi falta de imparcialidad. Llegaron a solicitar mi recusación con el pretexto de que el CDE era uno de los querellantes en el sumario por la Caravana de la Muerte. Y fui víctima de un nutrido fuego, malintencionado, por no haber respetado la reserva «tradicional» de los magistrados.

En el mes de agosto anterior, la Corte Suprema ya me había aplicado una «severa llamada de atención»[57] por haberme mostrado demasiado comunicativo con la prensa después de la confirmación del levantamiento de la inmunidad parlamentaria de Augusto Pinochet. Esta vez la Corte dio la razón, parcialmente, a los abogados de los generales, pero no llevó sin embargo a su extremo la lógica ni llegó a recusarme. Recibí una «censura por escrito», una sanción severa que figura en la hoja de servicios y afecta considerablemente a la calificación administrativa de un magistrado.

Todos los pretextos son buenos cuando hay la intención de castigar por castigar o de perseguir por perseguir. Hacía un tiempo que tres miembros de la Corte Suprema, uno de ellos muy temido, acechaban la oportunidad. Les apoyaron otros que no se atrevieron a correr el riesgo de oponerse, por comodidad, por abulia o por estar sumidos en el sueño de los justos. La ocasión fue mi carta a Clara Szczaransky: me sancionaron por infringir la norma del artículo 323 del código orgánico de tribunales, que prohíbe que los jueces «feliciten o censuren» a funcionarios públicos en el marco de su actividad profesional. ¿Hace falta que precise que mi carta no cabía en esa calificación? No felicitaba ni censuraba a la señora Szczaransky. Sólo le manifestaba mi solidaridad en el momento difícil que atravesaba. Las motivaciones que «justificaron» la aplicación de la sanción en mi contra se apartaban arteramente del espíritu de la norma. En cambio, otros tres magistrados emitieron un voto disidente y fundamentaron su desacuerdo

57. Este tipo de sanción no queda registrado en el expediente administrativo de un magistrado y en teoría no influye en sus perspectivas de avance en la carrera judicial.

en el hecho de que yo no había infringido el artículo 323.

Numerosas personas a quienes la prensa preguntó si harían un gesto semejante a favor de Clara Szczaransky respondieron negativamente. El actual ministro de Justicia y presidente del Consejo de Defensa del Estado en tiempos de los pinocheques contestó lo mismo, agregando una mueca irónica. Cada ser humano es el cúmulo de sus costumbres, ideas y valores. Cuando un sentido profundo del honor y de la dignidad moral es parte integral del individuo, sus actos son la prolongación natural de su persona. Me habría sido imposible no expresar mi solidaridad, aunque no ignorara que marchaba sobre una cuerda floja. Todos los «caballeros» que malinterpretaron mi gesto han alterado el espíritu de la norma supuestamente transgredida y posiblemente tarden una eternidad en comprenderlo...

Varios colegas me aconsejaron que fuera más prudente en el futuro. Tomé en cuenta sus recomendaciones, pero sin caer en la pusilanimidad. No lamentaba mi conducta para con Clara Szczaransky. Unas semanas antes había actuado de manera análoga con uno de los abogados de Augusto Pinochet, Gustavo Collao. Le había visitado en el hospital militar de Santiago, donde se recuperaba de una operación quirúrgica. Nadie se había molestado.

Recibí otras sanciones después del caso Szczaransky. En septiembre de 2002 la Corte Suprema tuvo la oportunidad de dirigirme un segundo «llamado de atención», por estar yo, según ella, por mi «desorden», en el origen de la filtración a la prensa de una declaración testimonial que se había consignado en un cuaderno reservado con el fin de conservar el anonimato –y la seguridad– de un testigo. Eso era falso, indigno e injusto, y lo hice saber públicamente. Por lo demás no me cabía la menor duda del origen de las filtraciones relacionadas con ese cuaderno secreto. Durante el lapso en que yo guardé ese expediente, nadie supo nada. Las indiscreciones se produjeron solamente unos días después que fue remitido a la Corte Suprema. Sé quién lo hizo, cuándo y cómo. Pero mi código de honor –incomprensible para algunos de mis superiores– me lleva a guardar silencio sobre ese episodio como sobre tantos otros.

Muy pronto hubo un tercer «severo llamado al orden» por haber puesto en duda la decisión del más alto tribunal nacional. El semanario *Qué Pasa,* muy de derechas, aprovechó para consagrarme una caricatura en la cual se me hacía aparecer como un niño retrasado que debía copiar cien veces «no debo perder mi cuaderno». La caricatura me representaba de pantalones cortos, con un balón en la mano y una mochila a la espalda, de donde caía un cuaderno.

En ese ambiente se desarrollaban mis instrucciones. Las advertencias disciplinarias pretendían sancionar mi «indisciplina jurisdiccional». Un periodista me preguntó un día si era verdad que me retiraría al cumplir sesenta y cinco años; respondí que probablemente sería así... a menos que me expulsaran antes. He vivido los siete últimos años de mi carrera bajo una implacable vigilancia, en una zona de alta presión. He realizado mis instrucciones contra el poder, navegando contra todos los vientos.

La imagen mediática que se ha construido con el paso de los años, la de un magistrado todopoderoso que acusa a generales que hicieron reinar el terror en el país durante dos decenios, es engañosa: un juez es un funcionario sometido a una jerarquía muy estricta, cuyas decisiones pueden ser reducidas a la nada por las cámaras de control que son las cortes de apelaciones y la Corte Suprema. Mi margen de maniobra era en la práctica muy estrecho. Pude avanzar a pesar de todos los obstáculos que se me pusieron en el camino porque la alta magistratura no se podía permitir la exclusión de un juez que, con algunos colegas valerosos, estaba contribuyendo a restaurar la confianza hacía tanto tiempo perdida en la justicia.

24. ESPECÍFICAMENTE

Hay que saber percibir el silencio, interpretar una mirada, prestar oído al ritmo de las palabras y de la puntuación. Una coma es a una frase lo que un bemol o un sostenido a un pentagrama. Modifica los tonos y modula los sonidos. A veces incluso modela el significado...

A fines del año 2000, dos expedientes de suma importancia dependían de mi despacho. El caso de la calle Conferencia y el de la Caravana de la Muerte. En uno solo de estos casos, el de la Caravana, las partes querellantes acababan de obtener el levantamiento de la inmunidad parlamentaria de Augusto Pinochet, preámbulo indispensable de toda perspectiva de acusación del senador vitalicio. Sin embargo los abogados de Gladys Marín Millie me pidieron que le procesara en el expediente de la calle Conferencia.

Así pues, no tenía otra solución que desestimar esta solicitud con una sentencia lacónica. En vista del contenido extremadamente sensible del caso, no tenía que explicar a esa parte lo que debiera haber sabido: en esa etapa era posible solicitar el levantamiento de la inmunidad parlamentaria de Augusto Pinochet en el expediente Conferencia y también solicitar el procesamiento de Augusto Pinochet en el expediente Caravana de la Muerte. Lo único excluido era decretar el procesamiento del general en el expediente Conferencia sin que antes se hubiera levantado su inmunidad parlamentaria.

Redacté entonces mi resolución de no ha lugar para quienes supieran leer entre líneas o, mejor, entre comas: «Por no reunirse, en la especie, los elementos de procesabilidad, no ha lugar.» La mayoría de los abogados de la parte querellante quedaron desconcertados ante mi decisión. Solamente José (Pepe) Galiano, quien me honra con su amistad, trató de aclarar los motivos. Una tarde, a la hora en que los pasillos del palacio de justicia son galerías desiertas donde solo se destacan las siluetas de los gendarmes de guardia, golpeó a la puerta de mi despacho. Me aprontaba a marcharme, pero dejé mi abrigo gustosamente y le pedí que tomara asiento.

Advertí que no se trataba de una audiencia formal. José Galiano me había venido a ver a una hora tardía, en la cual se suponía que ya no estaba en funciones. Al cabo de pocos minutos ya no era un juez de la Corte de Apelaciones, sino un hombre a punto de regresar a casa después de una jornada de trabajo.

Después de intercambiar algunas frases de cortesía, mi visitante manifestó lo que le había llevado allí: la necesidad de aclarar las cosas. «Juan, entre nos», comenzó, «me gustaría entender el alcance del no ha lugar...» Me pareció leer en su mirada un punto de esperanza. Según él, yo acababa de decepcionar a una parte de los chilenos. Continuó: «En el fondo, si interpreto bien la resolución, me parece que indicas que no corresponde someter a proceso a Pinochet en el caso Conferencia, pero que no ocurre lo mismo en el de la Caravana de la Muerte. ¿Es así?» Le dije entonces: «Pepe, observa dónde van las comas y tendrás la respuesta a tu pregunta.»

Hubo unos momentos de silencio, recitó interiormente la única frase de mi fallo. Las comas, ¿qué nos dicen las comas? «En la especie.» Se le iluminó el rostro de pronto, con un eureka silencioso. «En la especie.» Dicho de otro modo, en el caso de la calle Conferencia. Pero no en el caso del expediente de la Caravana de la Muerte, donde el preámbulo del levantamiento de la inmunidad parlamentaria se había logrado... «¿Es eso lo que has querido decir?», me preguntaba con la mirada. Esbocé una sonrisa.

José Galiano se puso de pie de un salto y se excusó por haberme retenido después de una jornada tan prolongada. Había recuperado los colores en pocos segundos. Salimos juntos del palacio de justicia, conversando de temas sin importancia. Pero nos callamos poco después, cuando José Galiano se arriesgó a plantearme la pregunta que tenía en la punta de la lengua desde que saliéramos de mi despacho. «Juan, ¿crees tú que se reúnen, específicamente, los elementos procesales necesarios para procesar a Augusto Pinochet en el caso de la Caravana de la Muerte?»

No podía responder esa pregunta. «Estás en condiciones de decidirlo por ti mismo...», le contesté. Mi respuesta quería ser neutral, pero el abogado inmediatamente le dio un significado. Una vez más, parecía sentirse mal, como si mi frase, tras su aparente trivialidad, ocultara una verdad. Sin quererlo, quizás había expresado que José Galiano y yo veíamos cosas idénticas al examinar ese expediente: los mismos homicidios, las mismas torturas, las mismas desapariciones.

–Juan, pienso presentarte una solicitud formal, pidiéndote que proceses a Pinochet en el caso Caravana de la Muerte –prosiguió José Galiano.

–La examinaré, Pepe. Y diré lo que convenga decir conforme a derecho.

–Supongo que no puedes ilustrarme sobre el tenor de la decisión que vas a adoptar...

–Por supuesto que no.

–Deja entonces que te haga otra pregunta: ¿crees que será largo el texto de tu resolución?

–No excluyo la posibilidad de que sea más bien largo, Pepe. Todo depende de los argumentos que se invoquen.

Las fases de silencio se alternaban con adivinanzas por las cuales el abogado intentaba obtener de mí una confidencia imposible y de la cual, paradójicamente, ya sospechaba el tenor. Nuestros pasos recuperaron entonces la iniciativa, entre las filas de vehículos. No me atrevía a volver la conversación hacia temas triviales. Prefería callar. La conversación, como el solfeo, tiene sus silencios, sus pausas y sus suspiros. Entrega una música cuyas notas se escuchan hasta en las miradas y en la respiración. Hay que saber escuchar esos instantes mágicos, cuando no se pronuncia nada de lo que se dice.

–¿Te puedo hacer una sugerencia, Juan? –preguntó mi interlocutor, para terminar.

–Por supuesto –respondí.

–El próximo viernes es 1 de diciembre y en Chile será

la Teletón. Ese mismo día el presidente Ricardo Lagos estará en México para asistir a la investidura de Vicente Fox. Entonces, si tu resolución tiene que ser larga, quizás sería conveniente que la dictes ese día. Todo el país estará distraído por esos dos sucesos. Y los efectos de tu decisión resultarán más tenues.

Comprendí inmediatamente lo que, sin formularlo, me estaba sugiriendo José Galiano: «Recuerda, Juan, que Augusto Pinochet ha sido jefe del Estado durante diecisiete años. Recuerda que todavía hay millones de chilenos que le son adeptos. Recuerda que cada vez que el ejército se ha sentido amenazado ha mostrado las garras...»

Cada uno estaba sumido en sus propios pensamientos cuando nuestros caminos se separaron. Entonces agregué: «¿Y si dicto una resolución breve?» José Galiano sonrió...

25. CARA A CARA

Sabía que muy pronto me encontraría ante el ex jefe del Estado y que esta vez no sería para hablar de baños de pies. Esperaba ese encuentro inevitable. Yo encarnaría la ley común ante un hombre que hasta entonces había mostrado un indudable gusto por los estados y las leyes de excepción. Este encuentro sería el de la justicia ante el antiguo poder y la ley de las armas, pero también el del presente que recuerda un pasado que no pasa.

Antes de proceder a la inculpación de Augusto Pinochet, debía decidir en primer lugar si el cuestionario que había intercambiado con él durante su prisión en Londres se podía considerar la entrevista previa que exige el código de procedimiento penal. Llegué a una conclusión positiva, porque el general había tenido el derecho a ser escuchado. El viernes 1 de diciembre del año 2000 procesé a Augusto Pinochet como autor intelectual de cincuenta y siete homicidios y dieciocho secuestros cometidos por el comando de la Caravana de la Muerte y acompañé la decisión con el arresto correspondiente. El anuncio de la acusación resonó como un cañonazo, a pesar de las precauciones que implicaba la elección de esa fecha. Y todo el mundo empezó a mirar hacia el artillero. Me llamaban por teléfono desde todas partes. Colegas magistrados, amigos, políticos... Algunos me felicitaban. Otros, mucho más numerosos, manifestaban serias reservas sobre mi decisión. Los periodistas asediaban mi casa.

Pero la ebullición duró poco tiempo. Emplazada por los abogados de Augusto Pinochet, la Corte de Apelaciones dejó sin efecto el procesamiento, al acoger un recurso de amparo: según ella debiera haber interrogado al general en una audiencia cara a cara. Algunos días después, la Corte Suprema confirmó dicha decisión; ordenó sin embargo que debería proceder al interrogatorio de Augusto Pinochet antes de veinte días. Esta desautorización me convenía en cierto modo. Hacía meses que deseaba interrogarle y había tenido que batallar contra sus abogados, que agotaron todos los recursos posibles para disuadirme de lograr mis fines. La estrategia dilatoria había llegado a sus límites. La Corte Suprema imponía que la audiencia se realizara a lo sumo dentro de tres semanas.

La decisión del alto tribunal iba acompañada de otra recomendación: el general, antes que nada, debía ser sometido a exámenes mentales. La Corte Suprema se apoyaba para esto en una disposición legal que establece que todo inculpado mayor de setenta años debe ser sometido a exámenes mentales antes de comparecer ante la justicia. Esos análisis debieran permitir establecer si se encontraba en plena posesión de sus facultades mentales o si sufría algún estado de demencia que pudiera incapacitarlo para enfrentar un juicio.

En el caso del general Pinochet eran numerosos los que habrían preferido eludir las disposiciones legales en beneficio de una compasión humanitaria *ad hoc*. Una vez más, asistí a un desfile interminable de emisarios. Juristas y cierta cantidad de parlamentarios de la Concertación desembarcaban de pronto en nuestro domicilio de Providencia. Nunca adelantaban una agenda precisa. Sólo me pedían si podíamos conversar algunos minutos. Aprovechamos la minúscula escalera de caracol que lleva a mi despacho en el primer piso de mi casa. Mis interlocutores empezaban la charla, invariablemente, con algún comentario sobre la decoración del cuarto: las fotografías de mis abuelos, las maquetas de barcos, nuestra colección de vasijas precolombinas...

Sólo después de una progresiva entrada en materia planteaban la verdadera razón de su visita. Arrellanados en un sofá de cuero, empezaban alabando mi acción. El procesamiento de Augusto Pinochet representaba, según ellos, una etapa decisiva en el camino contra la impunidad y un precedente de la mayor importancia para todo el mundo. Se estaba escribiendo una nueva página de la historia de Chile que permitiría reconciliar el país. Pero insistían en que había que saber conciliar la justicia con la paz social para que este proceso se cumpliera sin más daños. En otras palabras, los jueces tenían que comprender que había límites que no se podían sobrepasar, so pena de reavivar heridas todavía en carne viva.

No hacía falta decir que el general Pinochet personificaba esa línea roja que no debía franquearse. Mis sorpresivos visitantes presentían que yo estaba arriesgando una nueva acusación con esa audiencia. Temían la perspectiva. Escuchándoles, parecía que la salud del ex jefe de la junta ofrecía la única salida honorable para todos.

La justicia chilena sólo tendría que seguir el ejemplo inglés: someter al general a una revisión completa antes de declarar y luego a un no ha lugar por razones humanitarias.

Adivinaba lo que estaba en juego en esas visitas. Poco después del plebiscito de 1988, apenas conocidos los primeros resultados, se esbozaron acuerdos oficiosos entre los militares y la coalición del «no» a Pinochet. Una de las condiciones que formuló la junta consideraba la inmunidad total para quien había sido su jefe durante casi dos décadas. Doce años después yo era el grano de arena que impedía que los nuevos gobernantes honraran su promesa. Por este motivo, la vanguardia y la retaguardia de la Concertación se daban cita en mi casa.

Repetía a cada uno que no me podía apoyar en ningún texto para adoptar la medida que se me sugería. Pero esto no impedía que continuara la ronda de emisarios. Cansado entonces de esta guerrilla, opté por trasladar a la plaza pública las presiones de que era objeto. Declaré a la prensa chilena e internacional que había sufrido algunas que provenían de miembros del gobierno. E insistí en la amenaza que esas prácticas implicaban para el ejercicio de una justicia verdaderamente democrática. Mi movida tuvo efectos inmediatos. Las presiones terminaron al día siguiente y mi instrucción siguió adelante.

Después de nombrar un grupo de expertos para que efectuaran los exámenes psiquiátricos, neurológicos y psicológicos, determiné que éstos se efectuaran el 2 de enero de 2001 en el Hospital Militar de Santiago. Ese día, acompañado de funcionarios de la policía de investigaciones, del escribano forense y de una secretaria de la Corte de Apelaciones, esperé en vano la aparición del ex jefe del Estado. Al día siguiente, la prensa publicaba fotografías que mostraban que en aquel mismo momento éste pasaba la jornada en familia en su propiedad de Los Boldos, cerca de la costa del Pacífico. Esta jugarreta demostraba el desprecio que sentía por una justicia que se creía con el derecho a citarlo. Situaba nuestras relaciones como si fueran un pulso.

Pero los tiempos habían cambiado. Esta desenvoltura ante el poder judicial sólo podía tornarse contra su autor. Los abogados de Augusto Pinochet adoptaron muy pronto una postura más conciliadora. El 10 de enero anunciaron que finalmente su cliente había aceptado someterse a los exámenes sobre sus facultades mentales. Éstos se efectuaron algunos días después.

Los expertos entregaron, bajo juramento, su informe. Diagnosticaron que el octogenario sufría una demencia de «leve a moderada». Una vez estudiado el veredicto, estaba claro que no bastaba para poner en duda el principio de una audiencia; fijamos entonces una fecha. En virtud de un privilegio acordado por ley desde el régimen militar en beneficio de los ex jefes de Estado y generales de las fuerzas armadas y de orden, yo debía acudir a interrogar al general Pinochet en el lugar que él eligiera y él no tenía que presentarse en el palacio de justicia. Me hizo saber que nos veríamos en su casa, en Santiago.

Debí negociar con sus abogados hasta los menores detalles de mi visita. Sólo establecí una condición. Ninguno de los cinco hijos del general podía estar presente en la casa. Algunos habían proferido palabras ofensivas contra mí en las semanas anteriores. De ningún modo iba a pro-

191

ceder al interrogatorio en un ambiente irrespetuoso o incluso hostil.[58]

Ha sido sin duda una de las situaciones más delicadas de toda mi carrera. Este encuentro cara a cara no sólo sería la audiencia más difícil de mi vida de magistrado. Había quienes, en Chile, lo esperaban hacía casi treinta años. El hombre que había derribado de manera sangrienta a Salvador Allende antes de mantener al país en un puño comparecería ante un magistrado como cualquier inculpado por la justicia. Apenas logré dormir un poco la noche anterior. Ignoraba qué me esperaba en casa del general Pinochet. Hacía varios días que algunos medios de prensa proclamaban que me harían pasar por la puerta de servicio. Alguien me había preguntado si eso me molestaría; le respondí: «Por supuesto que no. Sigo siendo un servidor del Estado, entre por la puerta principal o por la de servicio.»

Llegado el día no hubo puerta de servicio. Mi vehículo ingresó por la puerta habitual, la que utilizaban también la familia y los invitados. Me acompañaba un conductor, mi actuaria (escribano forense) y la secretaria de la Corte de Apelaciones. En un segundo vehículo ingresó mi escolta, compuesta de dos policías. Nos abrimos camino entre la multitud de periodistas y fotógrafos que se había situado ante la propiedad e ingresamos en un parque umbroso antes de estacionar los coches junto al portal de la finca.

58. En una entrevista en el diario electrónico *El Mostrador* [8 de enero de 2001], la hija menor del general Pinochet, Jacqueline, había declarado que «el juez Guzmán no debería ser juez, porque perdió el juicio. [...] Encuentro que está lleno de odio, es harto agresivo».

Me recibió el general Garín, que me informó que el general Pinochet me esperaba en el salón. Acompañado por la actuaria y la secretaria de la Corte, ingresé al vestíbulo. Allí nos esperaban Miguel Schweitzer[59] y el coronel Gustavo Collao, los abogados del general. Les seguimos e ingresamos al salón, donde estaba sentado aquel que habíamos venido a ver.

Cada uno ocupó un lugar en los sillones dispuestos en semicírculo. Miguel Schweitzer se mostraba particularmente obsequioso con el general Pinochet. Al menor de sus gestos, le llamaba «señor presidente». El ambiente era distendido, casi familiar, muy distinto del que había previsto. Después de los saludos del caso y una rápida discusión acerca de las modalidades de esta actuación, comenzamos el interrogatorio.

Solicité a los abogados que se alejaran, pues no podían intervenir en la audiencia. Fue breve, a lo más de unos treinta minutos. Hice una docena de preguntas y comprobé que mi interlocutor gozaba de buena memoria. A pesar de su edad, Augusto Pinochet daba la impresión de un individuo muy despierto, con las capacidades intelectuales intactas. No pensaban lo mismo los abogados. Estaba a punto de concluir cuando los dos se me acercaron y me murmuraron al oído: «Escuche, Juan, el general debe estar cansado. ¿No será mejor quedar aquí?»

En realidad había terminado el interrogatorio y ahora tenía que transcribir las declaraciones en nuestro ordenador portátil. Se nos indicó que pasáramos a la habitación contigua, un vasto comedor donde nos instalamos la ac-

59. Ex ministro de Relaciones Exteriores de Pinochet.

tuaria y yo. Desde donde estaba sentado y comenzaba a transcribir el acta, asistí a una curiosa escena. Entre las dos habitaciones había una puerta entreabierta y por allí pude ver que el general Pinochet se levantaba y caminaba, rápidamente y con soltura, hacia el otro extremo del salón. Apenas se le doblaba un tanto la espalda. Me dije que este hombre estaba mal aconsejado. No me parecía oportuno mostrar de esa manera una faceta de su duplicidad al magistrado que había venido a interrogarle. Quizás no advirtió que le estaba viendo desde el comedor. Fuera como fuere, la escena bordeaba la parodia después de las numerosas advertencias de sus abogados acerca de su mala salud.

La casa del general Pinochet no era, en realidad, un lugar donde quisiera eternizarme. Sin embargo nuestra impresora había decidido otra cosa. Mi actuaria tenía experiencia en las jugarretas informáticas y mecánicas de nuestro despacho portátil; pero esta vez parecía triunfar la máquina. Y se sumaban los minutos, interminables. Al cabo de una hora de ensayos infructuosos, recordamos que uno de los policías de la escolta era experto en asuntos informáticos. Después de algunas manipulaciones, consiguió imprimir el acta del interrogatorio y pudimos volver con la cabeza en alto al salón, donde encontramos a la secretaria de la Corte de Apelaciones conversando animadamente con la mujer del general.

Me presentaron a la señora Pinochet, a quien conocía por primera vez. Nos ofrecieron una taza de café y charlamos un momento amablemente. Después el general tomó el acta en sus manos y me dijo: «Señor juez, tengo confianza en usted. Firmaré mi declaración sin leerla.» Nos

194

despedimos. Una banda de partidarios del general se apartó al paso de mi vehículo mientras profería toda suerte de injurias.

Toda la energía contenida en este momento histórico se manifestaba afuera, más allá de los muros de la propiedad de los Pinochet, en cada región de Chile y hasta en los países de exilio de los refugiados políticos. Pero en el salón del anciano general se había desarrollado un nuevo acto de teatro del absurdo. Un juego del gato y el ratón donde ese actor había repetido su gracia del aeropuerto.

La tormenta anunciada había pasado de largo. Debería haber sentido alivio. La audiencia había tenido lugar y todo había ido bien. Sin embargo, a pesar de la atmósfera distendida de ese encuentro, salí de allí con una sensación ambigua entre cansancio y desencanto.

26. LA PAZ DEL ESPÍRITU

Vivía momentos que me hacían mirar con mayor profundidad las cosas. El amanecer, el transcurso de las horas, el crepúsculo, me conducían, por la intensidad con que los experimentaba, casi a la contemplación. Había tenido la experiencia de esa agudeza perceptiva durante mi adolescencia, debido, quizás, al carácter definitivo que creía advertir en toda decisión. Me iba a entregar a la meditación y al cabo de algunos días cada una de mis decisiones también sería definitiva: correspondería a lo que considerara, en derecho, justo y oportuno, pero también a lo que de suyo concordara más con la verdad jurídica.

Mientras más progresaban mis instrucciones, más sentía la necesidad de recurrir a la meditación. Por eso, como la perspectiva de procesar al general Pinochet volvía a perfilarse, necesitaba apartarme del mundo antes de decidir cómo seguirían las cosas. Conversé de esto con un sacerdote amigo, a quien dije que estaba buscando un lugar donde hallar alguna paz interior. Un lugar donde resultara inaccesible. Él me orientó hacia una residencia perteneciente a la comunidad de Schoenstadt, una congregación católica dedicada al culto mariano.

Se trataba de un hogar para seminaristas, que contaba con varias habitaciones, dos capillas, una biblioteca, un refectorio y una sala de recepción. El hogar está en una colina en las afueras de Santiago, en Lo Cañas. Lo circundan jardines floridos e incluso lo atraviesa un arroyo. Las dependencias administrativas y las habitaciones forman una pared de ladrillos rojos, apoyada en arcos de la misma factura, que rodea un césped en medio del cual se eleva una estatua de Cristo en la cruz. Una pequeña escalera de piedra, rodeada de flores y arbustos, conduce a la segunda capilla, cuyas paredes pintadas de cal blanca contrastan con aquel ambiente rojo. Alrededor, enredaderas de lavanda permiten entrever el manto blanco de las cumbres de la cordillera, tan cercanas, que parecen velar sobre los seminaristas. Desde la capilla, en el extremo más alto del jardín, se tiene una visión espléndida de Santiago. Lo Cañas era un lugar ideal para apartarse del tumulto judicial y mediático y reflexionar serenamente en lo que vendría.

Durante mi breve permanencia, de tres días y tres noches, el lugar estuvo casi desierto. Una parte de los residentes se encontraba en el extranjero, y simpaticé rápidamente con los escasos miembros de la comunidad que allí estaban en esa época. Esos jóvenes seminaristas manifestaban mucho respeto por mis funciones y se cuidaron de no opinar en mi presencia sobre los casos judiciales vinculados con la dictadura.

Había ido a Lo Cañas con mi escolta, con los dos policías que no me dejaban ni a sol ni a sombra. Poco después de levantarme iba a meditar a la capilla. Durante la mañana examinaba el sumario, releía escrupulosamente las declaraciones y los informes médicos de los expertos

197

sobre el estado de la salud mental del general Pinochet. Por la tarde continuaba mis lecturas, antes de reunirme con los sacerdotes y los policías en endiabladas partidas de tenis de mesa o de baby-fútbol. También paseaba por los jardines. Al anochecer miraba la televisión o conversaba con los sacerdotes antes de irme a dormir. Al volver a mi cuarto me detenía largos minutos a contemplar las luces de Santiago, lejos, en la llanura.

El azar quiso que durante esos tres días en la casa de Schoenstadt la televisión retransmitiera [el 25 de enero de 2001] unas declaraciones del general Joaquín Lagos Osorio sobre los crímenes cometidos por la Caravana de la Muerte en Antofagasta. Las seguí con mis amigos seminaristas. El oficial relató la masacre de la quebrada del Way y no ahorró detalles a los televidentes acerca de la crueldad del comando de Arellano Stark: «Me daba vergüenza verlos. Si estaban hechos pedazos. No eran cuerpos humanos. De manera que yo quería armarlos, por lo menos dejarlos de una manera decente, más o menos. [...] Si les sacaban los ojos con los corvos, les quebraban las mandíbulas, todo, les quebraban las piernas... al final les daban el golpe de gracia. Se ensañaron.»

Debo reconocer que esas declaraciones reforzaron la decisión que había adoptado. Un oficial superior, en retiro, del ejército chileno denunciaba actos de barbarie cometidos en nombre de la junta. Su testimonio, que coincidía con muchos de los que había releído esos días, era aplastante.

Había encontrado en Schoenstadt lo que buscaba: la paz del espíritu y la fortaleza para decidir en conciencia. Al cabo de tres días había adquirido la convicción de que el general Pinochet presentaba facultades mentales normales. Los dictámenes de los expertos coincidían, en lo fundamental, con mi propia apreciación durante el interrogatorio que había efectuado en su casa pocos días antes. Y además se reunían, en la especie, los requisitos necesarios para procesarlo.

27. CASO CERRADO

Los argumentos en que se fundaba este segundo procesamiento, pronunciado el 29 de enero de 2001, eran idénticos a los del primero. Había presunciones fundadas que permitían atribuir a Augusto Pinochet la autoría de cincuenta y siete homicidios calificados y de dieciocho secuestros. Ordené, además, que permaneciera detenido en su propiedad de La Dehesa, un sector residencial de clase media adinerada. Unas semanas más tarde, los abogados de Pinochet me solicitaron revocar el procesamiento de su cliente, lo que rechacé. Recurrieron entonces a la Corte de Apelaciones. Ésta decidió modificar el grado de participación del general Pinochet, declarándolo encubridor de los crímenes, una interpretación muy discutible. Como comandante en jefe de las fuerzas armadas, Pinochet había ejercido un control absoluto sobre sus hombres. ¿Acaso no solía decir que en Chile no se movía una hoja sin que él lo supiera? ¿Acaso no ejercía un control personal sobre las actuaciones de la DINA y del ejército?

La Corte de Apelaciones se mostraba al mismo tiempo extraordinariamente puntillosa en relación con una medida que a mí me parecía muy secundaria: la constitución de una ficha antropométrica de Augusto Pinochet, con fotografías de frente y de perfil y huellas digitales. Su médico personal se oponía con fuerza, aduciendo un riesgo serio para la salud de su paciente. Pero la Corte de Apelaciones estaba empeñada en este punto. Ya no comprendía gran cosa de las decisiones de la jurisdicción a que pertenecía: la veía capaz de mostrarse intransigente en cualquier fruslería y dispuesta a transar en lo esencial. Pero aún no terminaban las sorpresas.

Paralelamente, los abogados de Pinochet, invocando razones de salud, me habían solicitado que cerrara el caso. Como decidí que esa petición era inaceptable, plantearon un recurso de apelación ante el tribunal de alzada. El porvenir judicial de los casos Pinochet dependería del fallo que se emitiera en este punto. Sabía que se había abierto una brecha cuando la pericia médica había diagnosticado que el general padecía una demencia entre leve y moderada. La justicia no contaba con otro camino para lavarse las manos. Las razones humanitarias, aplicadas a un hombre de ochenta y seis años, adornadas por unos términos siquiátricos, parecían la única salida posible.

El 9 de julio de 2001, la sexta sala de la Corte de Apelaciones acogió la petición de la defensa y declaró –por dos votos contra uno– el sobreseimiento temporal del proceso contra el general, debido a su estado de salud mental, que se encontraría disminuido. Augusto Pinochet ya no podría ser sometido al menor procedimiento judicial. Se abría un paréntesis y cada uno sabía que nunca iba a cerrarse. La justicia sólo podría volver a actuar en caso de «recuperación completa» del paciente, lo cual, a su edad, resultaba poco probable.

Los abogados de los querellantes presentaron una serie de recursos contra el fallo de la Corte de Apelaciones ante una situación que se anunciaba como un entierro de primera clase. Pasó un año antes que los examinara la Corte Suprema. El 1 de julio de 2002 ésta confirmó el fallo. No se detuvo en eso: esta vez ya no declaró el cierre temporal, sino definitivo, de los procesos judiciales contra el general Pinochet.

Hasta aquí llegaba la justicia. Esta vez todo había terminado. El fallo, paradójicamente, produjo reacciones más tibias que de costumbre. La opinión pública esperaba esta salida y esto no disminuía en nada la sensación de éxito que experimentaban las víctimas de la dictadura. El levantamiento de la inmunidad parlamentaria de Augusto Pinochet, y después que se le sometiera a exámenes y a un interrogatorio formal por un juez, eran importantes logros jurisdiccionales que esta desautorización por razones médicas no bastaba para ensombrecer. La justicia, por otra parte, había terminado con el reino de la impunidad: decenas de oficiales deberían responder por sus actos bajo la dictadura, y cada uno sabía quién había sido su jefe.

El pueblo chileno se conformaba poco a poco con una justicia esencialmente simbólica. Se harían efectivas las responsabilidades de algunos acusados, pero otros no sufrirían castigo. O bien eludirían el juicio. Lo más importante es que los crímenes eran de público y notorio conocimiento, se reconocía finalmente la amplitud del drama y se indicaría por su nombre a los culpables inmediatos. Pinochet quedaba al margen, protegido, impune, pero estaban abiertos todos los sumarios y numerosos responsables emergerían del anonimato para responder por sus actos. Así prevalecía el compromiso.

En treinta y cinco años de ejercicio en el seno de la magistratura chilena, en todos los escalones por los que he pasado, pude medir hasta qué punto la justicia estaba al servicio de los poderosos. No acepté ese estado de las cosas y me aferré al ideal de una justicia que debía aplicarse de manera idéntica a cada uno, cualquiera fuera su origen. Había terminado por convertirme en subversivo. Las primeras decisiones de la Corte de Apelaciones de Santiago y de la Corte Suprema me habían dado la sensación de que estábamos dando vuelta a la página de la sumisión. El sobreseimiento, temporal primero y más tarde definitivo, declarado por las cortes mencionadas me volvió a la realidad. ¿Los argumentos que me habían presentado durante meses mis visitantes de la sombra habían producido efecto en otros magistrados más sensibles a las exhortaciones de la razón de Estado? La paz social, como decían esos discretos emisarios, sería preservada. No se tocaría a Augusto Pinochet.

28. ESTADO DE SITIO

El general eludiría a la justicia en su país. Eso diría la historia. Como ciudadano chileno, lo deploro. Desde el punto de vista jurídico, el cierre de los procesos en su contra será considerado siempre una ocasión perdida por la justicia. Y una mancha indeleble. Falta escribir otras páginas de este pasado trágico, que se señale a sus autores, que se reconozca a las víctimas. Es el caso, especialmente, de todos los expedientes donde se dibuja la sombra de los Estados Unidos. Este aspecto de la represión en Chile no es el menor de nuestros descubrimientos. Washington había desestabilizado eficazmente el régimen de Allende antes de apoyar a los generales golpistas.

Los sumarios de que debí hacerme cargo me mostraron, más que cualquier otra fuente, la historia reciente de mi país. Todavía hoy continúo perfeccionando mis conocimientos sobre estos sucesos. Me documento en los grandes expedientes vinculados con la justicia internacional, se trate de los procesos llevados a cabo en Europa contra ciertos dignatarios de la dictadura chilena o argentina, de la ley de competencia universal que Bélgica ha abrogado recientemente, de los debates internacionales sobre la Corte Penal Internacional, o incluso de la acción de los tribunales *ad hoc* para la ex Yugoslavia y Ruanda. Esta sed de aprender es inextinguible. Tengo que recuperar mucho tiempo. Me empapo de libros, de artículos jurídicos, de encuentros, y me abro a una nueva toma de conciencia. Aprendo, sobre todo, gracias a aquellos que hace tanto que han gritado en el desierto y denunciado la mano norteamericana en las dictaduras militares de América Latina. Uno de los vigías de la primera hora, el cineasta Constantin Costa-Gavras, es un viejo conocido. Mi relación con él es una parábola de mi propio recorrido.

Le conocí en 1972. En esa época me ganaba la vida difícilmente como receptor judicial de la Corte de Apelaciones de Valparaíso. Inés, por su parte, daba clases de lengua francesa en el pedagógico de la Universidad de Chile y en la Universidad Católica de la ciudad. Un aviso publicado en la prensa local nos permitió esperar una remuneración suplementaria. Buscaban extras y actores secundarios para el rodaje de un film en lengua francesa: Costa-Gavras estaba en Chile para filmar *Estado de sitio*. Inés, que es francesa, fue contratada enseguida. Habló de mí, dijo que me las arreglaba muy bien en francés, y el equipo me contrató sin más.

Estado de sitio, donde Yves Montand, Renato Salvatore y Jacques Weber desempeñaban los papeles principales, se inspiraba en el secuestro del norteamericano Dan Mitrione, en 1970, efectuado por los Tupamaros, un grupo guerrillero uruguayo. Este agente de la AID trabajaba en ese país aparentemente en una organización humanitaria, pero en realidad se ocupaba de aconsejar a la policía secreta uruguaya en materia de represión política. Costa-Gavras pretendía denunciar con este film la injerencia de los

205

Estados Unidos en la política de los Estados sudamericanos. Había optado por realizar el rodaje en Chile y obtenido el acuerdo de las autoridades.

Inés y yo fuimos unos periodistas que interrogaban a un ministro. Esta experiencia sigue siendo un gran recuerdo para nosotros, aunque debieron pasar treinta años para que pudiéramos ver la película, en familia, en el Normandie, uno de los pocos cines de arte y ensayo de Santiago. Prohibida por la censura, *Estado de sitio* sólo se pudo ver en Chile en 2001. Cierto 11 de septiembre había interferido.

Nunca habría podido prever lo que sucedería en Chile pocos meses después del rodaje. Ni tampoco que veinticinco años más tarde instruiría procesos vinculados con violaciones a los derechos humanos muy semejantes a las que muestra el film. Y aún menos que, en ese marco, tendría ocasión de cruzarme en el camino una vez más con Constantin Costa-Gavras, esta vez en el cumplimiento de mis funciones. En efecto, en 1981, él había realizado el film *Missing*, en torno del secuestro de un joven periodista norteamericano, Charles Horman, poco después del golpe de Estado de 1973. Por mi parte, debí instruir el sumario abierto por el secuestro y la muerte de ese joven. Recibí el testimonio de su mujer, de sus conocidos, de testigos que habían presenciado su secuestro. Y me parecía importante conocer lo que el cineasta me pudiera decir sobre este episodio.

Costa-Gavras estuvo en Chile en 2002. Le invité a atestiguar sobre el caso Horman y le pregunté si me podía indicar las fuentes que le habían permitido relatar el caso. Cooperó mucho, y después de la audiencia le invité a cenar a casa en compañía de Inés. Habían pasado treinta años.

Mientras acompañaba a nuestro visitante después de la velada, me acordé de *Alicia en el país de las maravillas,* de Lewis Carroll. Y en particular del pasaje en que Alicia pregunta al Gato Sonriente por el camino para llegar al palacio de la Reina de Corazones. Éste le responde, cruzando los brazos y apuntando con el índice, que puede tomar el camino de la derecha pero también el de la izquierda. Aunque parecen conducir a las antípodas, los dos caminos conducen en realidad al mismo lugar. Hay una lógica del absurdo. Creo en esta lógica mucho más que en el destino. Parafraseando a Somerset Maugham, creo que somos *criaturas de las circunstancias.* Nuestras vidas toman trayectorias divergentes y avanzan por caminos disímiles. Costa-Gavras había seguido un camino y yo otro. Eran recorridos simétricos, pero no contrarios. Más bien complementarios. Y finalmente volvían a reunirse.

29. VILLA GRIMALDI

El océano Pacífico no quiso darle sepultura. A principios del mes de septiembre de 1976, devolvió el cuerpo mutilado de Marta Ugarte a la playa La Ballena, en la región de Los Molles, a doscientos kilómetros al noroeste de Santiago. Esta modista de cuarenta y dos años pertenecía al comité central del partido comunista. El 10 de agosto de 1976 fue vista por última vez en el asiento trasero de un vehículo conducido por policías de civil. Durante varios días, sus parientes la buscaron en hospitales, cárceles y en la morgue de Santiago. Finalmente el 16 de agosto presentaron un recurso de *habeas corpus* en la Corte de Apelaciones. Obtuvieron una respuesta semejante a todas las demás: Marta Ugarte no había sido detenida por los servicios del Estado y no se encontraba en ningún centro de detención.

La versión oficial, divulgada por la prensa de la época, habló de una agresión viciosa, de un crimen pasional. Sin embargo el cadáver mostraba huellas evidentes de tortura. Las hermanas de Marta Ugarte acudieron a la morgue y efectuaron la desgarradora comprobación: el cuerpo estaba cubierto de esquimosis y de marcas de quemaduras; carecía de uñas, le habían cortado una parte de la lengua; tenía varias vértebras quebradas; el cuerpo se encontraba completamente dislocado, como si hubiera caído desde una altura vertiginosa...

Durante muchos años, la familia y los amigos de Marta trataron de dilucidar las condiciones de su muerte. Pero las autoridades se atenían a su versión inicial: afirmaban no tener ninguna relación con el asunto. En mayo de 2000 me encargaron instruir una querella por el secuestro calificado, tortura y homicidio de Marta Ugarte. Al término de una minuciosa investigación, conseguí reconstruir, con la ayuda de arduas pesquisas policiales, los últimos momentos de la militante comunista e identificar a los responsables de su desaparición.

Detenida a plena luz del día por agentes de la DINA, Marta Ugarte fue transferida a Villa Grimaldi. En sus tiempos de esplendor, esta suntuosa residencia contemplaba Santiago desde una empinada colina. Al pie de los contrafuertes de la cordillera de los Andes, Villa Grimaldi durante mucho tiempo fue un recuadro de verdor atravesado por arroyuelos y vertientes. A principios de la década de 1970, sus propietarios eran una rica familia de origen italiano que se había enriquecido comerciando con el cobre. Los vecinos podían escuchar cada domingo a los niños disfrutar en la piscina. Después del golpe de Estado la amplia propiedad pasó a poder de la DINA. Y la oscuridad invadió Villa Grimaldi. Entre 1973 y 1978 cuatro mil detenidos políticos fueron torturados entre sus muros. Dieciocho personas fueron asesinadas. Y doscientas desaparecieron.

Carlos López Tapia dirigía Villa Grimaldi cuando detuvieron a Marta Ugarte. En la época del caso Szczaransky, cuando la divulgación por la prensa de mi carta de solidaridad me había situado en el ojo del huracán, habían dicho que este oficial, que por otra parte parecía estar implicado en la Caravana de la Muerte, era primo hermano mío. Y se me había acusado de juez parcial, pues no me habría interesado hasta entonces de manera decidida en él. Respondí por escrito a las preguntas que me hizo la Corte Suprema sobre este punto, e indiqué que no conocía a este supuesto primo: me parecía conocer en detalle mi árbol genealógico y nunca había visto allí ese nombre en mi rama materna.

En realidad sólo había escuchado mencionar una vez a ese militar, en una audiencia con Pedro Espinoza Bravo. Los otros miembros de la Caravana de la Muerte no le habían nombrado, según el principio que dice que cuanto menos informen los inculpados a la justicia, mejor para ellos. Más adelante supe que este oficial había formado parte del comando en ciertas etapas, especialmente en el sur de Chile. Le cité a comparecer. Su declaración fue recogida en Rancagua por un funcionario de la policía civil. De regreso en Santiago, éste me entregó, junto con su declaración policial, unas palabras de ese oficial. El militar decía que me equivocaba al decir que no era pariente suyo. ¡Si debía creerle, teníamos el mismo abuelo materno! Entonces supe que mi abuelo había tenido varias hijas de un primer matrimonio. Carlos López Tapia era hijo de una de ellas.[60]

Marta Ugarte fue torturada y asesinada en Villa Grimaldi. Y después una sección de la DINA se encargó de

60. Dos años más tarde debí procesar a este primo y ordenar su detención.

que su cuerpo desapareciera. Un agente la amarró con alambre a un trozo de riel de hierro antes de lanzarla al océano. Por lo demás, sus superiores le castigaron por haber hecho mal el trabajo. El cuerpo jamás debió haber subido a la superficie.

Está confirmada la existencia de los vuelos de la muerte. Los ejecutores habían intentado borrar toda huella de sus crímenes arrojando los cadáveres de sus víctimas en alta mar. Según los cálculos informados por el periodista Jorge Escalante en el diario *La Nación*, fundados en las conclusiones de las investigaciones judiciales, varios centenares de cuerpos habrían sido lanzados al Pacífico entre 1974 y 1978.

Un grupo compuesto por una docena de personas pertenecientes al comando de aviación del ejército estaba destinado especialmente a esos vuelos. En noviembre de 2003 procesé al que fuera jefe de ese comando desde enero de 1974 a diciembre de 1977, el coronel Carlos Mardones, y también a cuatro ex pilotos. Están acusados de complicidad en la muerte de Marta Ugarte. Inculpé además al ex jefe de la DINA, el general Manuel Contreras, y también a mi primo, como coautores del secuestro y homicidio de la militante comunista.

El caso Marta Ugarte arroja una cruda luz sobre las atrocidades cometidas entre los muros de Villa Grimaldi por los torturadores de la DINA. Nada subsiste hoy de esas cárceles. Los militares la arrasaron apresuradamente. Sólo está inscrita en la hierba la huella de sus cimientos, lo que permite situar las celdas y cámaras de tortura. Villa

211

Grimaldi es ahora un parque por la Paz y un memorial. En ese lugar de siniestra memoria cada piedra entrega el eco de los gritos de los martirizados. En el centro del parque hay una maqueta que reconstituye lo que fue esa guarida de violencia y de muerte. Están la celda de las mujeres, la de los prisioneros del MIR, los cuchitriles de madera de uno por dos metros en los cuales se hacinaban cuatro o cinco prisioneros políticos, asfixiados y hambrientos, entre dos sesiones de tortura.

Lo que las palabras no pueden describir lo expresan las piedras y los árboles. Aquí y allá traen el recuerdo de los que sufrieron y murieron en ese oasis urbano de engañoso encanto. Unas sobrias placas señalan el emplazamiento de las antiguas habitaciones. Al otro lado de lo que antaño fue la entrada principal de la residencia, una placa instruye al visitante: «Por aquí comenzaron su recorrido los prisioneros. Esta puerta permanecerá cerrada por siempre.» Cada inscripción está grabada en el suelo, el único lugar donde los prisioneros humillados tenían derecho a fijar la vista.

El hombre que me hizo visitar los vestigios de Villa Grimaldi una tarde de septiembre ya había venido, en calidad de testigo, a ayudarme a reconstruir los hechos criminales que allí se habían desarrollado, contándome su propia detención. Sólo estuvo preso durante quince días. No obstante, esas dos semanas permanecen inscritas en él como una eternidad. En aquella época, los agentes del Estado que habían tomado posesión de Villa Grimaldi no tenían la menor consideración por la vida de nadie y disfrutaban de la impunidad que les estaba garantizada. Nadie les veía. Nadie conocería sus actuaciones. Ni siquiera se encontrarían los cuerpos de sus víctimas. Violaciones y torturas, las peores humillaciones, suplicios de otra época, se infligieron cotidianamente en esas habitaciones exiguas. A fuerza de paciencia, los conservadores del memorial han sabido reconstruir, en dibujos y maquetas, cada sala funesta, cada instrumento de tortura, cada metro cuadrado de memoria.

Mi guía improvisado me relató una escena vivida, indeleble. Una noche se acercó un guardia al grupo de detenidos al que pertenecía. Hedían a suciedad y a excrementos. El hombre les propuso bañarse fuera de la celda. Nadie levantó un dedo. Los prisioneros soñaban con un baño, pero temían una trampa, una broma macabra, como la de los judíos de Birkenau camino de las duchas. Sin embargo el militar insistía. Les ofreció que se lavaran en una pequeña fuente próxima a la celda. Y se produjo la confianza, ese último resplandor de humanidad. Y él se dio el baño más delicioso de su vida.

El gesto desinteresado de ese guardia de la DINA es todo lo que este prisionero puede recordar para convencerse de que sus carceleros eran seres humanos. Porque era indecible lo que se sufría tras los muros de Villa Grimaldi. Se puede describir una forma de tortura y tratar de relatar el dolor que provoca. Pero no se puede comunicar a nadie la degradación que produce en el alma de quien la padece.

Al final del camino, al otro lado del parque, estaba la torre. Una torre de madera clara, de unos quince metros de altura, apretada entre algunos álamos que parecían adaptarse a sus formas. En el parque de la Paz se ha reconstruido un ejemplar a tamaño natural de ese curioso torreón de dos pisos, de calabozos liliputienses, que cons-

213

tituía el final del calvario de los prisioneros que un juego de azar macabro llevaba hasta allí. Sobrevivió menos del diez por ciento de los detenidos que por él pasaron.

Cerca de la torre aún está la piscina. Como todos los torturadores, los de la DINA eran afectuosos padres de familia. Los fines de semana algunos invitaban a sus hijos a bañarse en Villa Grimaldi, a pocos metros de las celdas y de las cámaras de tortura. Desde su calabozo los prisioneros podían escuchar las risas y los cantos de los niños.

Tal como Marta Ugarte, miles de chilenos fueron arrancados de sus familias, acusados de conspiraciones, intimados a mencionar supuestas redes y escondites de armas, torturados... Algunos sobrevivieron. A otros se los ejecutó sumariamente. Después se borraron sus cuerpos. Se los dinamitaba. Se los lanzaba en alta mar. Se los enterraba en lo más hondo de una mina. Estos cadáveres sin sepultura se llaman, entre nosotros, los desaparecidos.

En otros episodios, mis funciones me llevaron, al término de agotadoras instrucciones, a ver los huesos y las mandíbulas de algunas personas encontradas y a imaginar los padecimientos que sufrieron, de los cuales los huesos han guardado la impronta. He recolectado los penosos relatos de los sobrevivientes de Villa Grimaldi y de todos los centros de detención donde se ejerció el terror de Estado impunemente. He recibido en audiencia a los testigos de desapariciones o de ejecuciones sumarias. En cada campaña de excavaciones he visto familias quebrarse de tristeza entremezclada de alivio después de más de dos decenios de insostenible incertidumbre al contemplar el resto andrajoso de una vestimenta o el elemento característico de un cráneo o de una dentadura que les permitía comenzar el duelo.

Al proyectar el film de su memoria, sacudidos por crisis de lágrimas y temblando de dolor, los sobrevivientes me han hecho penetrar en otra dimensión. Se esforzaban por fechar los hechos, por precisar los lugares y por describir las manías de sus verdugos. A menudo debían interrumpir el relato, incapaces de narrar algunos de los suplicios padecidos. La sevicia sexual, en particular, producía una humillación indecible en quienes la habían sufrido. Yo trataba que el declarante superara su retorno al horror y dominara sus fantasmas. Me parecía necesario que se dijera todo: para que se hiciera justicia, por cierto, pero también para que las generaciones futuras supieran lo que se había cometido. Sin embargo algunos días los relatos eran demasiado desgarradores y nadie conseguía contener las lágrimas. Pedía entonces al testigo que pasara al baño a enjugarse la cara.

A la inhumanidad de la tortura se agregaba el absurdo de esa guerra virtual. En Chile se forzaban confesiones imaginarias sobre armas escondidas y cómplices que con frecuencia ni siquiera existían. Se repetían interminablemente las mismas preguntas: ¿Dónde están las armas? ¿Quiénes son sus compañeros y dónde viven? ¿Dónde está el dinero? Como no sabía qué confesar, la mayoría de las víctimas tenía que inventar proyectos y relaciones culpables.

José Domingo Cañas, Londres 38, Colonia Dignidad, Villa Grimaldi, Academia de Guerra Naval de Valparaíso... Los nombres de esos centros de tortura permanecerán inscritos con sangre en las páginas de nuestros libros de historia. En esos lugares emergieron las pulsiones más negras del alma humana.

30. AL TÉRMINO DEL RECORRIDO

Antes de concluir, deseo aclarar dos situaciones propias de nuestro procedimiento penal. En primer lugar, se sabe que normalmente un funcionario que representa a la sociedad efectúa las investigaciones judiciales. Así era en Chile hasta que en 1927, por razones presupuestarias, se suprimieron dichos funcionarios, denominados promotores fiscales, y se los reemplazó por los jueces. Desde entonces los jueces del crimen en nuestro país han desempeñado un triple papel: actúan como instructores, acusadores y sentenciadores; esto es, son a la vez jueces y partes. Una reforma, bastante imperfecta sin embargo, está transformando progresivamente este sistema en uno oral y público con más forma de juicio.

En segundo lugar, los tribunales de alzada por lo general conocen las apelaciones respecto de resoluciones dictadas por jueces de primera instancia. Sin embargo, en nuestro país, cuando se pretende juzgar a ciertas autoridades públicas,[61] un miembro de la Corte de Apelaciones correspondiente se convierte en juez unipersonal de pri-

61. Artículo 50 del Código Orgánico de Tribunales.

mera instancia, y, previo desafuero de dicho alto funcionario, pasa a instruir el respectivo proceso, a acusarlo si procediere y a sentenciarlo. Se denomina ministro de fuero a ese juez. Ésa fue la situación del procesamiento de Augusto Pinochet, a quien se instruyó primero una causa por su calidad de senador vitalicio y más tarde se sustanció otra por su condición de ex presidente de la República. En ambas causas el general Pinochet resultó desaforado.

En enero de 1998 se presentó en la secretaría en lo criminal de la Corte de Apelaciones de Santiago la primera querella contra él, la que me correspondió por las razones mencionadas de fuero y turno. Comenzó entonces en nuestro país la primera causa por delito de acción pública dirigida contra dicho general. Presentó la querella el abogado Eduardo Contreras en representación de Gladys Marín Millie, secretaria general del partido comunista en Chile, por los homicidios y secuestros perpetrados en las personas de su marido, Jorge Muñoz, y de otros militantes de su partido, a la sazón en la clandestinidad.

Posteriormente se fueron presentando numerosas querellas contra Pinochet por diversos crímenes en los cuales se le atribuía responsabilidad. En virtud del principio de unicidad que rige en nuestro sistema procesal penal, esas causas se fueron acumulando a la primera que me había correspondido instruir. Así llegué a estar a cargo de casi un centenar de causas, dirigidas en contra de Augusto Pinochet, para lo cual se presentaron más de doscientas querellas. La mayoría se interpuso mientras Pinochet estuvo detenido en Inglaterra, con un objetivo fundamentalmente mediático, pues gran parte de los hechos en que se apoyaban estaba subsumida en otros procesos que ya instruía o que por acumulación llegarían a mis manos. Esta importante cantidad de querellas, en gran parte repetidas, significaron un atraso

217

y una traba para investigaciones ya en camino. Si bien la estrategia pudo haber producido algún efecto mediático, estuvo muy lejos de constituir un aporte útil y eficaz para mis procesos. En todo caso, di prioridad a la búsqueda de restos humanos, y el objetivo principal de mis pesquisas consistió, precisamente, en aquella prospección.

De esta manera, durante varios años estuve a cargo de 99 causas: «La Moneda», «Conferencia», «Pisagua», «Caravana de la Muerte», «Villa Grimaldi», «Villa Baviera», «Colonia Dignidad», «José Domingo Cañas», «Lago Ranco», «David Silberman», «Estadio Nacional», «Charles Horman», «Paine», «Río Bueno», y muchísimas otras más.

Finalmente, en octubre de 2003, la Corte Suprema me pidió un informe sobre el estado de cada una. Este tribunal, con el fin de obtener mayor celeridad en los procesos, designó a otros tres ministros de la Corte de Apelaciones de Santiago y a una ministra de la de San Miguel para su prosecución y resolución, distribuyendo así entre cinco jueces la carga de trabajo que hasta entonces sólo recaía en mí. Además ya se había nombrado a muchos jueces de dedicación exclusiva para la tramitación de otros tantos procesos por violaciones de los derechos humanos. Algunos investigaron con lenidad; otros lo hicieron rigurosamente y concluyeron los sumarios con rapidez, acusando y dictando sentencias ejemplares.

Los episodios que continué sustanciando, luego de esta distribución, fueron: «Conferencia», «Caravana de la Muerte», «Operación Cóndor» y «Operación Colombo». Desconozco la lógica según la cual se determinó dicha distribución. Lo cierto es que muchos episodios que fueron entregados a otros jueces estaban subsumidos en aquellos que quedaron en mis manos, y viceversa, lo que ha implicado una doble sustanciación.

Realizadas estas aclaraciones, me referiré, en pocas palabras, a las causas que continué sustanciando hasta el momento de mi jubilación.

Se denomina «Conferencia» al episodio que se originó mediante la primera querella presentada por el abogado Eduardo Contreras. Se refiere a hechos ocurridos en abril de 1976. La cúpula del partido comunista, entonces en la clandestinidad, iba a reunirse en una casa situada en la calle Conferencia del sector de la Estación Central de la capital chilena. Se utilizó la información obtenida de una persona que fue torturada para entregar la fecha y lugar donde tendría lugar esa reunión. Luego, el día del caso, a medida que fueron llegando las víctimas a la casa, fueron apresadas por agentes de la DINA, quienes las acechaban en su interior. La casa sirvió, como se comentó entonces, de «ratonera». Todas esas víctimas están desaparecidas.

Esta causa, vinculada con «Villa Grimaldi», nos permitió entender cómo se produjo la mayor parte de las desapariciones forzosas de personas capturadas por agentes de la DINA, que, luego de ser aprehendidas, interrogadas y torturadas, eran conducidas en camiones hacia lugares desconocidos donde se les daba muerte. Después los cuerpos eran introducidos en helicópteros Puma del ejército, trasladados hasta un lugar a pocas millas del litoral y arrojados al mar. Sólo un cuerpo fue encontrado, en una playa cercana a la localidad de Los Molles.

Se ha denominado «Operación Cóndor» a un episodio correspondiente a la actuación de la DINA en el extranjero, como también a la de los agentes estatales de di-

219

versos países del Cono Sur de América, que se coordinaron para secuestrar, interrogar, torturar y trasladar de un país a otro a personas contrarias a los regímenes dictatoriales existentes. Caben dentro del marco de este plan los asesinatos en Washington DC del ex canciller del presidente Salvador Allende, Orlando Letelier, y de Ronnie Moffit, el asesinato en Buenos Aires del general Carlos Prats y de su mujer Sofía Cuthbert, el homicidio frustrado del ex ministro del Interior del presidente Eduardo Frei Montalva, Bernardo Leyton, y muchos más.

Se denomina «Operación Colombo» a un plan de desinformación gestado por agentes de la DINA, cuyo objetivo fue que se creyera en Chile y en el resto del mundo que 119 personas, en su mayoría pertenecientes al MIR (Movimiento de Izquierda Revolucionario), se habrían ejecutado entre sí en Argentina. Para ello aparecieron dos publicaciones, una en la revista *Novo O'Día* de Curitiba, Brasil, y otra en la revista *Lea* de Buenos Aires, donde figuraban sendas listas de personas supuestamente encontradas muertas en Argentina como consecuencia de aquellas ejecuciones. Esas revistas tuvieron una vida breve: un solo número. A raíz de esta maniobra encubierta, los medios de comunicación chilenos, particularmente la prensa, colaboradora con el régimen, se refirieron extensamente a la supuesta desaparición de aquellos 119 activistas. Junto a algunos cuerpos deformes que fueron utilizados para simular esta «operación», aparecieron entre las ropas documentos que los «identificaban». Sin embargo, los parientes, a quienes estos cuerpos fueron exhibidos, manifestaron, sin ninguna duda, que pertenecían a otras personas.

En este episodio se ha logrado establecer que la totalidad de las víctimas que figuraban en las listas indicadas fueron vistas por numerosos testigos sobrevivientes en los diversos recintos clandestinos de detención utilizados por la DINA en Chile.

Las demás causas que me correspondió investigar antes de la referida distribución eran, en síntesis, variaciones sobre el mismo tema: secuestros de personas contrarias al régimen, su interrogatorio, su tortura y su posterior muerte o desaparición.

Desde que ingresé al poder judicial me hice el firme propósito de jubilar a los sesenta y cinco años, ocupara el cargo que ocupara, para así entregar la última etapa de mi vida a la realización de mis proyectos personales. Los cumplí en abril del año pasado. Sin embargo, decidí postergar mi retiro hasta el último día de mis sesenta y cinco años, lo que molestó mucho a Javert, quien había maniobrado todo lo imaginable para que saltara antes. ¿Y por qué decidí permanecer prácticamente un año más? Porque tanto la Corte de Apelaciones de Santiago, en mayo de 2004, como la Corte Suprema, en agosto del mismo año, desaforaron al general Pinochet en el episodio denominado «Operación Cóndor». Consideré indispensable, entonces, continuar con este proceso para realizar los trámites más fundamentales de su instrucción: tomar la declaración indagatoria al general, someterlo a nuevos exámenes sobre sus facultades mentales y decidir sobre su procesamiento una vez llegado el caso, puesto que ya tenía la experiencia y conocía las estrategias dilatorias de sus abogados.

Así las cosas, éstos hicieron todo lo posible por inhabilitarme, luego para impedir que me constituyera en el domicilio del general a interrogarlo y finalmente para retardar el avance del proceso en la etapa de los exámenes mentales. Sin embargo, todas sus maniobras fracasaron. Por último, como debía resolver si estaba apto mentalmente para que se le sometiera a proceso por estos hechos, yo mismo dilaté esta vez el avance de la causa ante dos informes neurológicos que aseguraban que Pinochet presentaba una demencia moderada, mientras un solo informe siquiátrico sostenía que el inculpado no acusaba demencia alguna. Frente a tal estado de cosas, debí analizar cada una de las actuaciones que éste había protagonizado durante el último tiempo. Tomé en consideración sus diversas declaraciones, ante mí y ante el juez Sergio Muñoz, que instruye un proceso relacionado con sus cuentas millonarias, evalué una entrevista televisiva del ex gobernante, hecha por una periodista cubana de Miami, y también confié en mi propia experiencia como juez en decenas de casos en que he debido decidir sobre situaciones parecidas. Estimé, en consecuencia, que el general estaba apto mentalmente para soportar un juicio criminal en Chile y lo sometí esta vez a proceso como autor de un crimen de homicidio calificado y de nueve secuestros dentro del marco de la «Operación Cóndor».

Frente a esta resolución, los abogados de Pinochet recurrieron de amparo ante la Corte de Apelaciones de Santiago, recurso que fue rechazado por unanimidad, una decisión que a su vez fue confirmada por la Corte Suprema por mayoría de votos.

Todo lo demás es de público conocimiento.

EPÍLOGO

Escribo estas palabras desde un lugar de nuestro sur que no había visitado durante más de veinte años.

Nada ha cambiado junto al lago enmarcado de majestuosos robles y coihues centenarios; de avellanos, arrayanes, ulmos y canelos; de cerro poblado de helechos, cuyas altas ramas se mecen con la suave brisa del verano, anunciando el chaparrón mientras las nubes grises borran de su espejo la silueta de la ladera escarpada.

El entorno es el mismo, pero no el hombre cuyo reflejo diviso al pasar frente a las ventanas de las cabañas: de cuerpo más grueso, de barba ya blanca y de paso más reposado.

En aquella época coleccionaba vivencias, recuerdos, sensaciones y objetos y creía que el tiempo jamás terminaría. Mis hijas eran niñas que hacían preguntas sobre pájaros, zorros o conejos. Nadaba largas distancias y las caminatas duraban hasta que las aguas del lago se teñían de rosas y de lilas.

Un día se advirtió allí más movimiento que de costumbre y hubo una extraña sensación de zozobra en el ambiente. Se desparramaba poco a poco y en sordina una noticia: el ex presidente Frei había muerto luego de una operación quirúrgica. Hubo quienes se atrevieron a pensar que fue algo intencional. No sería la primera ni la última vez que una figura emblemática muriera de manera sospechosa, como iríamos descubriendo con el tiempo.

Los días siguientes transcurrieron con la misma parsimonia de los anteriores, aunque el sosiego había sido perturbado y los veraneantes se tornaban silenciosos y contemplativos.

Se susurraba una hipótesis, se incurría en una interpretación maliciosa, se cometía una canallada al pretender enturbiar la «verdad» y la «misión» que con sacrificio emprendían las fuerzas armadas y de orden en aras, se decía, del restablecimiento de la paz y de la democracia. Mencionaban la verdad. ¿Pero cuál era? ¿La conoceríamos un día realmente?

Luego de ese verano, el lago, sus cerros y sus bosques han permanecido grabados en mi espíritu, como también la llamarada del crepúsculo austral y las noches de estrellas esquivas que se asoman desde los resquicios que las nubes dejan.

A la sazón leía la *Ética a Nicómaco,* donde se nos explica que cada virtud está en algún punto intermedio entre lo que es en su máxima expresión y su absoluta carencia. Si pretendiéramos aproximarnos a la verdad, tendríamos que aceptar también que está entre estos dos extremos. No obstante tenemos siempre una obsesiva necesidad de «dogmas», lo que nos suele conducir a luchar por ellos a costa del dolor ajeno y de vidas humanas, a veces a costa de toda una civilización o una cultura. Aun así, muchos dogmas van variando y muriendo.

Por simple asociación de ideas, al hablar de la virtud, siendo el tema de fondo la justicia, estimo del caso referirme a la compasión o a la solidaridad (me inclino por utilizar más bien este vocablo), virtud también complementaria de la justicia. Cabe señalar que sobre la verdad se ha hablado demasiado y de muchas maneras, mientras que de la solidaridad, aunque quizás constituya el camino más corto hacia la plenitud, se ha hablado poco.

Por este camino no resulta difícil aterrizar en el foro, donde una mayoría de letrados sólo ambiciona ganar y emplea la mentira como un arma eficaz para lograr lo que conviene a sus clientes. Los jueces suelen aceptar esa verdad tan solo jurídica, dejándola establecida en sus decisiones con la fuerza de lo juzgado. Rara vez resultan coincidentes la verdad así establecida y la solidaridad.

Sucede que en nuestro medio tiene gran influencia una cultura oral y «maternalista» y una mentalidad tercermundista, pobremente materialista y aldeana, que caracterizan a muchos de nuestros profesionales del derecho, inspirados más en tener, demostrar y exhibir que en ayudar al próximo utilizando el derecho para la aproximación a la verdad; si ocurriera esto último, coincidirían la verdad y la solidaridad.

Paralelamente a todas estas consideraciones, me parece justo dedicar unas palabras a los jueces de vocación. Son «los defensores de la sociedad», como se dijo en Grecia hace veinticinco siglos, y los pilares vivos de la democracia y del Estado de derecho. Por ello, cada uno de estos magistrados debe recibir el mayor respeto y, a su vez, la mayor solidaridad de toda la sociedad, de sus pares y de sus superiores jurisdiccionales. Cada juez de éstos, sea de policía local, de comuna o agrupación de comunas, de capital de provincia, de sede de Corte de Apelaciones o perteneciente a los tribunales superiores, merece el mismo trato y respeto.

He debido constituirme en diversos tribunales del país y al ingresar a la sala de audiencias he experimentado por cada magistrado el mismo respeto que me inspira un sacerdote en su templo. Considero que los jueces son todos pares y que la jerarquía debería ser sólo jurisdiccional, pareciéndome absurdas las calificaciones, sujetas a la misma escala que se emplea con los escolares, que jueces de mayor rango aplican a los «subalternos». Esto, por lo demás, me resulta vergonzoso. La calificación (con notas) de un juez corresponde, en fin, a una apreciación muchas veces subjetiva, basada frecuentemente en patrones más emocionales que objetivos.

Pienso asimismo que expulsar a un juez del poder judicial por su calificación o por esa nueva vía aún más eficaz consistente en la apertura de un cuaderno de remoción precedido de una investigación secretísima que efectúa un engendro creado por un autoacuerdo de la Corte Suprema y denominado «Comisión de Ética», además de resultar inconstitucional, implica una variable más para atentar contra la independencia e inamovilidad de los jueces.

A pesar de los filtros existentes para que sólo lleguen a la Corte Suprema los mejores, algunos personajes rastreros, vendidos, serviles y muy hábiles logran pasar por dichos filtros y llegar a la cima de la jerarquía. He conocido a varios de ese tipo, corroídos de envidia, ambición y rabia, que no pueden disimular su resentimiento. Éstos son los peores, sobre todo si se hacen indispensables, lo que suele acontecer. Son los antijueces, los que desprestigian esta función y a la esencia misma de lo que constituye ser juez: un profesional del derecho, honrado en su vocación y en su actuar, que mediante su respeto por la verdad y el amor a sus semejantes lucha por hacer justicia.

Los magistrados son los representantes de la sociedad, que les encarga juzgar a sus semejantes. A su vez, ésta debe evaluarlos; debe conocer sus actuaciones, saber si dictan resoluciones justas y ejercen fielmente su misión. Sólo si hay trasparencia se puede apreciar cómo actúa un magistrado. Los jueces no tienen voceros y en mi opinión no los necesitan. Deben estar capacitados para informar, sin opinar acerca de lo que juzgan y sin perjudicar el éxito de la investigación cuando las causas están en estado sumarial. Me parece que cuanto mayor sea la trasparencia mejor sabrá la gente cómo desarrollan su alta función, lo que a su vez los obliga a ser mejores.

En el caso de aquellos que son entrevistados por medios de comunicación nacionales o extranjeros, estimo que deben reflejar las bondades de su sistema como también sus deficiencias, pues lo bueno nos engrandece y denunciar lo defectuoso nos alienta a mejorar.

La trasparencia, en fin, constituye una garantía para la labor jurisdiccional, por lo cual resulta absurdo sancionarla. Lo encubierto, lo enmarañado y lo disimulado sólo siembra dudas, incertidumbre y desconfianza, y además permite que la justicia se aleje de su finalidad. De hecho ha ocurrido que reine la desinformación o que prevalezca el juicio público proveniente de los medios, que surge muchas veces desde la oscuridad y estigmatiza el prestigio de un enjuiciado a quien debe presumirse inocente mientras su responsabilidad no se establezca mediante una sentencia de término. Todos estos factores malogran la imagen de la justicia y la caricaturizan, al igual que el ceño fruncido y severo de los jueces, sus respuestas monosilábicas y esquivas y su desplazamiento torpe mientras escabullen las cámaras y los micrófonos, como si les persiguiera alguna culpa.

En este libro he querido destacar varios temas. Si bien me refiero en un comienzo a mi persona, a mis padres y al ambiente en el que viví durante mis primeros años, lo que más he querido subrayar es nuestra ceguera voluntaria, inconsciente o negligente durante períodos largos y negros cuando en nuestro país había millares de personas que sufrían siendo apresadas sin juicio, torturadas, muertas o resultando desaparecidas.

Curiosamente, la vida constituye un círculo que en forma misteriosa restablece el equilibrio que ha sido perturbado. Hoy, quienes perseguían están siendo perseguidos; quienes ofendían, ofendidos; quienes humillaron, humillados. La justicia, por largo tiempo dormida, ha actuado hoy con dignidad. Por su parte, debido a tanta violación de los derechos humanos a lo largo y ancho del mundo, adquiere cada vez mayor importancia la justicia penal universal. Constituye un logro importante la creación de la Corte Penal Internacional, establecida mediante el Estatuto de Roma de 1998. Este Estatuto establece que los crímenes contra la humanidad que no puedan o no quieran ser investigados y juzgados en los países donde se han perpetrado deben ser investigados y juzgados por esta Corte.

Un paso gigantesco se ha dado en esta materia. Sin embargo, en Chile su tribunal constitucional, mediante un fallo dividido y de argumentación feble, ha declarado inconstitucional ese tratado e impedido su ratificación.

Por último, y como corolario, quiero agregar que en Chile, donde la justicia relacionada con la violación de los derechos humanos no actuó durante tanto tiempo, hoy se han dictado catorce sentencias más por crímenes de secuestro o desaparición forzada de personas durante el período que cubría el decreto-ley de amnistía de 1978. Esas sentencias rechazan la amnistía, como también la prescripción, puesto que la calidad permanente de aquellos secuestros los convierte en crímenes inamnistiables e imprescriptibles. Existen numerosas causas por las que se procesa a agentes estatales y civiles, y una treintena de jueces está a cargo de los procesos. Asimismo, la Corte Suprema, rechazando un recurso de casación en el fondo, confirmó una sentencia dictada por el magistrado Alejandro Solís Muñoz, sentando finalmente la doctrina del secuestro de personas desaparecidas por obra de agentes estatales u otros cuando los cuerpos no son hallados o las personas no aparecen, consagrando así la calidad de inamnistiable e imprescriptible de esos crímenes.

Un arco iris se dibuja en el cielo. Sobre los cerros avanza majestuosamente el aguacero, mientras desde el lago rayos plateados encandilan con su fulgor. Se aproximan brisas cálidas desde el norte anunciando la tempestad.

Me encamino hacia mi cabaña y antes de pasar por el umbral de la puerta observo nuevamente en una ventana el reflejo de un hombre de edad avanzada, el mismo que hace una veintena de años anduvo por estos lugares y a la vez uno tan distinto.

Lago Chapo, febrero de 2005

ÍNDICE

Tercera parte
EN LO MÁS HONDO DE LA NOCHE

Impreso en Talleres Gráficos
LIBERDUPLEX, S. L.
Constitució, 19
08014 Barcelona